ES

LEBEN WIR IN EINER SIMULATION?

INHALT

Einleitung

Die Simulationshypothese schlägt vor, dass unsere wahrgenommene Realität tatsächlich eine computergenerierte Simulation ist, die von einer fortgeschritteneren Zivilisation erstellt wurde. Die Idee hat in den letzten Jahren an Bedeutung gewonnen, als prominente Persönlichkeiten wie Elon Musk und Neil deGrasse Tyson öffentlich über die Möglichkeit diskutierten, dass wir in einer simulierten Realität leben.

Das Konzept einer simulierten Realität hat tiefe Wurzeln im philosophischen Denken, wobei Platons "Allegorie der Höhle" und René Descartes' "Böser Dämon" - Argumente frühe Beispiele für ähnliche Ideen liefern. Der jüngste technologische Fortschritt und das exponentielle Wachstum der Rechenleistung haben jedoch zu einem Wiederaufleben des Interesses an der Simulationshypothese geführt.

Dieses Buch wird die Simulationshypothese eingehend untersuchen und die philosophischen, wissenschaftlichen und kulturellen Implikationen der Theorie untersuchen. Wir werden die Argumente für und gegen eine simulierte Realität, die Rolle der Technologie bei der Gestaltung unseres Verständnisses der Realität und die möglichen Auswirkungen einer simulierten Realität auf die Zukunft der Menschheit untersuchen. Begleiten Sie uns auf dieser Reise, tauchen Sie ein in die faszinierende Welt der Simulationshypothese und versuchen, eine der

tiefgreifendsten Fragen unserer Zeit zu beantworten:
Leben wir in einer Simulation?

**Was ist wirklich Realität?
Die Welt, die du siehst oder die Welt,
die du nicht siehst?
Oder beides?
Die Wahrnehmung unserer Realität ist
vielleicht überhaupt nicht das, was sie
zu sein scheint...**

KAPITEL 1
Die historischen Wurzeln der
Simulationshypothese

Die Simulationshypothese hat eine lange und komplexe
Geschichte, deren Wurzeln Tausende von Jahren
zurückreichen. Während das Konzept einer simulierten
Realität im Laufe der Geschichte in verschiedenen
Formen diskutiert wurde, entstand die moderne Version
der Simulationshypothese im späten 20. Jahrhundert.

Eines der frühesten Beispiele für die
Simulationshypothese findet sich in Platons "Allegorie
der Höhle", **in der** er eine Gruppe von Menschen
beschreibt, die ihr ganzes Leben in einer Höhle
angekettet verbracht haben und nur Schatten an der
Wand sehen können. Die Allegorie deutet darauf hin,
dass unser Verständnis der Realität durch unsere
Wahrnehmung begrenzt ist und dass es eine tiefere
Realität geben kann, die über das hinausgeht, was wir
wahrnehmen können.

Ein weiteres frühes Beispiel findet sich in René
Descartes' **Argument** des "bösen Dämons", in dem er
vorschlägt, dass ein böser Dämon uns täuschen könnte,
um an eine falsche Realität zu glauben. Dieses Argument
diente als Vorläufer der modernen
Simulationshypothese, indem es darauf hinwies, dass

unsere Wahrnehmungen irreführend sein können und dass die Realität möglicherweise nicht so ist, wie sie erscheint.

In der Mitte des 20. Jahrhunderts begann die Science-Fiction, die Idee simulierter Realitäten zu erforschen, wobei Werke wie Philip K. Dicks "Ubik" und Stanisław Lems "The Futurological Congress" das Konzept untersuchten. In den 1980er Jahren führte die Computerrevolution zu einer neuen Welle des Interesses an der Simulationshypothese, wobei Informatiker und Philosophen begannen, ernsthaft die Möglichkeit in Betracht zu ziehen, dass unsere Realität eine Simulation sein könnte.

Die moderne Version der Simulationshypothese wurde vom Philosophen Nick Bostrom in seinem 2003 erschienenen Artikel "Are You Living in a Computer Simulation? Bostrom schlug vor, dass es nicht nur möglich, sondern wahrscheinlich ist, dass wir in einer Simulation leben, die von einer fortgeschritteneren Zivilisation geschaffen wurde.

Auch heute noch ist die Simulationshypothese Gegenstand intensiver Debatten und Spekulationen, wobei Wissenschaftler, Philosophen und die breite Öffentlichkeit die Möglichkeit abwägen, dass unsere Realität nicht so ist, wie sie scheint.

KAPITEL 2
Das philosophische Plädoyer für eine simulierte Realität

Das philosophische Plädoyer für eine simulierte Realität basiert auf der Idee, dass unsere Realität möglicherweise nicht so ist, wie sie erscheint, und dass sie ein Produkt der Computersimulation einer fortgeschrittenen Zivilisation sein könnte. Dieses Argument basiert auf mehreren philosophischen Prinzipien und Gedankenexperimenten, die darauf hindeuten, dass die Natur der Realität nicht festgelegt ist und dass unsere Wahrnehmungen möglicherweise kein zuverlässiger Leitfaden für das sind, was wirklich real ist.

Ein solches Gedankenexperiment ist das Szenario "Gehirn in einem Bottich", das darauf hindeutet, dass ein Gehirn in einem Bottich mit Nährstoffen am Leben erhalten und mit einem Computer verbunden werden könnte, der die Realität simuliert. In diesem Szenario hätte das Gehirn keine Möglichkeit, zwischen der Simulation und der realen Welt zu unterscheiden, was zu der Schlussfolgerung führt, dass unsere Wahrnehmungen möglicherweise kein zuverlässiger Leitfaden für das sind, was real ist.

Ein weiteres Gedankenexperiment, das das philosophische Argument für eine simulierte Realität unterstützt, ist das "Simulationsargument", das vorschlägt, dass, wenn es möglich ist, eine simulierte

Realität zu schaffen, die von der realen Welt nicht zu unterscheiden ist, es wahrscheinlich ist, dass fortgeschrittene Zivilisationen dies bereits getan haben. Wenn dies der Fall ist, deutet das Argument darauf hin, dass es wahrscheinlicher ist, dass wir in einer Simulation leben als in der realen Welt.

Das philosophische Plädoyer für eine simulierte Realität stützt sich auch auf das Konzept eines "Multiversums", das darauf hindeutet, dass es eine unendliche Anzahl von Paralleluniversen geben kann, von denen jedes seine eigene einzigartige Version der Realität hat. Wenn dies wahr ist, ist es möglich, dass unsere Realität nur eine von vielen Simulationen ist, die von fortgeschrittenen Zivilisationen in anderen Universen erstellt wurden.

Letztendlich stellt das philosophische Plädoyer für eine simulierte Realität unsere Annahmen über die Natur der Realität und die Grenzen des menschlichen Wissens in Frage. Es deutet darauf hin, dass unsere Wahrnehmungen möglicherweise kein zuverlässiger Leitfaden für das sind, was real ist, und dass der einzige Weg, um sicher zu wissen, ob wir in einer Simulation leben, darin besteht, Beweise aufzudecken, die die Simulationshypothese unterstützen oder widerlegen.

KAPITEL 3
Die wissenschaftlichen Argumente für eine
simulierte Realität

Das wissenschaftliche Argument für eine simulierte
Realität basiert auf der Idee, dass sich das Universum in
einer Weise verhält, die mit einer Computersimulation
übereinstimmt. Dieses Argument stützt sich auf mehrere
wissenschaftliche Prinzipien und Beobachtungen, die
darauf hindeuten, dass unsere Realität ein Produkt der
Computersimulation einer fortgeschrittenen Zivilisation
sein könnte.

Ein solches Prinzip ist die Idee des Universums als
mathematische Struktur. Viele Wissenschaftler glauben,
dass das Universum mit mathematischen Gleichungen
beschrieben werden kann und dass diese Gleichungen
auf einem Computer ausgeführt werden könnten, um die
Realität zu simulieren. Dies deutet darauf hin, dass unser
Universum eher ein Produkt einer Simulation als einer
physischen, objektiven Realität sein könnte.

Ein weiteres Prinzip, das die wissenschaftlichen
Argumente für eine simulierte Realität unterstützt, ist das
Konzept der Quantenmechanik. Das Verhalten
subatomarer Teilchen ist oft unvorhersehbar und scheint
durch Beobachtungen beeinflusst zu werden, was einige
Wissenschaftler zu der Annahme veranlasst, dass die
Realität von unserer Wahrnehmung geprägt wird. Diese
Idee steht im Einklang mit der Idee, dass unsere Realität

ein Produkt einer Computersimulation ist, in der die Programmierer der Simulation kontrollieren, was wir als Realität wahrnehmen.

Darüber hinaus haben einige Wissenschaftler vorgeschlagen, dass das Universum Merkmale **aufweist** , die mit einer simulierten Realität übereinstimmen. Im Jahr 2003 entdeckte der Physiker James Gates beispielsweise, dass bestimmte Gleichungen, die Elementarteilchen beschreiben, Computercode zu enthalten scheinen, der **dem in** Computersimulationen verwendeten ähnelt. Diese Entdeckung deutet darauf hin, dass das Universum ein Produkt einer Computersimulation sein könnte.

Der wissenschaftliche Fall für eine simulierte Realität stützt sich auch auf das Konzept des holographischen Prinzips, das darauf hindeutet, dass das Universum eine 3D-Projektion von Informationen sein kann, die auf einer 2D-Oberfläche gespeichert sind. Diese Idee steht im Einklang mit der Idee, dass das Universum ein Produkt einer Computersimulation ist, in der die Programmierer der Simulation eine 2D-Oberfläche verwenden könnten, um Informationen über unsere 3D-Realität zu speichern.

Während das wissenschaftliche Argument für eine simulierte Realität immer noch Gegenstand von Debatten unter Wissenschaftlern ist, ist die Idee, dass unsere Realität ein Produkt einer Computersimulation sein könnte, ein faszinierendes und zum Nachdenken anregendes Konzept, das unser Verständnis der Natur der Realität in Frage stellt.

KAPITEL 4
Die religiösen Implikationen einer simulierten Realität

Die religiösen Implikationen einer simulierten Realität sind komplex und weitreichend und stellen traditionelle Überzeugungen über die Natur Gottes, das Leben nach dem Tod und den Sinn der Existenz in Frage. Die Vorstellung, dass unsere Realität ein Produkt der Computersimulation einer fortgeschrittenen Zivilisation sein **könnte,** wirft wichtige Fragen über die Rolle der Religion beim Verständnis des Universums und unseres Platzes darin auf.

Eine der wichtigsten religiösen Implikationen einer simulierten Realität ist die Herausforderung, die sie für die Idee eines Schöpfergottes darstellt. Wenn unsere Realität ein Produkt einer Computersimulation ist, die von einer fortgeschrittenen Zivilisation geschaffen wurde, ist es schwierig, dies mit der Idee eines Schöpfergottes in Einklang zu bringen, der für die Erschaffung des Universums verantwortlich ist. Dies wirft Fragen über das Wesen Gottes auf und darüber, ob das Konzept eines Schöpfers in einer simulierten Realität relevant ist.

Die Idee eines Lebens nach dem Tod wird auch durch das Konzept einer simulierten Realität in Frage gestellt. Viele Religionen schlagen vor, dass unser Bewusstsein nach dem Tod überlebt und in ein anderes Reich übergeht, aber in einer simulierten Realität wäre unser Bewusstsein ein Produkt eines Computerprogramms, was es unwahrscheinlich macht, dass es über die Beendigung des Programms hinaus überleben könnte. Dies wirft Fragen über den Sinn der Existenz und den Sinn des Lebens auf und stellt traditionelle Überzeugungen über die Natur der Seele und das Leben nach dem Tod in Frage.

Darüber hinaus wirft die Idee einer simulierten Realität Fragen über das Konzept des freien Willens auf. Wenn unsere Realität ein Produkt eines Computerprogramms ist, ist es möglich, dass unsere Handlungen und Entscheidungen durch den Code des Programms vorgegeben **sind**. Dies stellt die Idee des freien Willens in Frage, die in vielen Religionen ein grundlegendes Konzept ist.

Insgesamt stellen die religiösen Implikationen einer simulierten Realität traditionelle religiöse Überzeugungen in Frage und werfen wichtige Fragen über das Wesen Gottes, das Leben nach dem Tod und den Sinn des Daseins auf. Die Vorstellung, dass unsere Realität ein Produkt einer Computersimulation sein könnte, stellt unsere Annahmen über das Universum in Frage und fordert uns heraus, unsere Überzeugungen im Lichte neuer wissenschaftlicher und philosophischer Entdeckungen **zu überprüfen**.

KAPITEL 5
Die Ethik des Schaffens und Lebens in einer
simulierten Realität

Die Ethik des Schaffens und Lebens in einer simulierten
Realität ist komplex und regt zum Nachdenken an. Wenn
wir in einer simulierten Realität leben oder die Fähigkeit
haben, eine zu erschaffen, wirft dies wichtige ethische
Fragen über unsere Verantwortung gegenüber den
simulierten Wesen innerhalb der Simulation und die
möglichen Konsequenzen unseres Handelns auf.

Eine der wichtigsten ethischen Fragen, die durch die
Idee einer simulierten Realität aufgeworfen werden, ist,
ob es ethisch vertretbar ist, fühlende Wesen innerhalb
der Simulation zu erschaffen. Wenn die Wesen in der
Simulation in der Lage sind, **Schmerz und Vergnügen zu
empfinden,** wirft dies die Frage auf, ob es ethisch
vertretbar ist, sie zu erschaffen und sie Leiden
auszusetzen.

Eine weitere ethische Frage sind die möglichen
Konsequenzen der Schaffung und des Lebens in einer
simulierten Realität. Wenn unsere Realität eine
Simulation ist, ist es möglich, dass unsere Handlungen
unbeabsichtigte Konsequenzen für die simulierten
Wesen innerhalb der Simulation haben könnten. Dies
wirft Fragen über unsere Verantwortung gegenüber
diesen Wesen auf und ob wir ihr Wohlergehen

berücksichtigen sollten, wenn wir Entscheidungen treffen, die sich auf ihr Leben auswirken könnten.

Das Erschaffen und Leben in einer simulierten Realität wirft auch Fragen nach dem Konzept der Zustimmung auf. Wenn die Wesen in der Simulation empfindungsfähig sind, wirft dies die Frage auf, ob es ethisch vertretbar ist, sie ohne ihre Zustimmung zu erschaffen oder ihre Erfahrungen innerhalb der Simulation ohne ihr Wissen zu manipulieren.

Darüber hinaus wirft die Erschaffung und das Leben in einer simulierten Realität Fragen über die Natur der Realität auf und ob es ethisch vertretbar ist, sich dafür zu entscheiden, in einer simulierten Realität und nicht in der physischen Welt zu leben. Dies wirft Fragen nach dem Wert körperlicher Erfahrung und den möglichen Konsequenzen der Entscheidung auf, in einer simulierten Realität zu leben.

Insgesamt ist die Ethik des Erschaffens und Lebens in einer simulierten Realität komplex und wirft wichtige Fragen über unsere Verantwortung gegenüber den Wesen in der Simulation und die möglichen Konsequenzen unseres Handelns auf. Es fordert uns heraus, die ethischen Implikationen unserer Entscheidungen zu berücksichtigen und die Natur der Realität und unseren Platz darin zu hinterfragen.

KAPITEL 6
Die Grenzen des menschlichen Wissens und der
menschlichen Wahrnehmung

Die Grenzen des menschlichen Wissens und der
menschlichen Wahrnehmung sind wichtige
Überlegungen bei der Erforschung der Möglichkeit einer
simulierten Realität. Unsere Fähigkeit, die Welt um uns
herum zu verstehen und wahrzunehmen, ist durch unsere
kognitiven Fähigkeiten, unsere Sinneswahrnehmung und
die Werkzeuge, mit denen wir die Welt erkunden,
begrenzt. Dies wirft wichtige Fragen darüber auf, ob wir
jemals wirklich wissen können, ob unsere Realität eine
Simulation ist oder nicht.

Eine der primären Grenzen des menschlichen Wissens
und der menschlichen Wahrnehmung ist unser Vertrauen
in unsere Sinne. Unsere Sinne liefern uns Informationen
über die Welt um uns herum, aber sie können auch
getäuscht oder in ihrer Fähigkeit eingeschränkt werden,
bestimmte Aspekte der Realität wahrzunehmen. Zum
Beispiel können unsere Augen nur einen kleinen Teil des
elektromagnetischen Spektrums wahrnehmen, was
bedeutet, dass es Aspekte der Realität geben kann, die
wir nicht wahrnehmen können.

Eine weitere Grenze des menschlichen Wissens und der
menschlichen Wahrnehmung sind unsere kognitiven

Fähigkeiten. Unsere Fähigkeit, zu argumentieren, komplexe Konzepte zu verstehen und abstrakt zu denken, ist durch unsere biologische Zusammensetzung und die Struktur unseres Gehirns begrenzt. Dies wirft die Frage auf, ob wir in der Lage sind, eine Realität zu verstehen , die sich stark von unserer eigenen unterscheiden kann.

Darüber hinaus können die Werkzeuge, mit denen wir die Welt erkunden, auch unser Wissen und unsere Wahrnehmung einschränken. Zum Beispiel sind wissenschaftliche Instrumente so konzipiert, dass sie bestimmte Aspekte der Realität messen und möglicherweise nicht in der Lage sind, Aspekte der Realität zu erkennen, die außerhalb ihres Geltungsbereichs liegen.

Letztendlich deuten die Grenzen des menschlichen Wissens und der menschlichen Wahrnehmung darauf hin, dass es Aspekte der Realität geben kann, die jenseits unseres Verständnisses und unserer Wahrnehmung liegen. Dies wirft wichtige Fragen auf, ob wir jemals wirklich wissen können, ob unsere Realität eine Simulation ist oder nicht, und ob das Konzept einer simulierten Realität für den Menschen überhaupt verständlich ist. Trotz dieser Einschränkungen fordert uns die Erforschung der Möglichkeit einer simulierten Realität jedoch heraus, unsere Annahmen über die Natur der Realität und unseren Platz darin in Frage zu stellen.

KAPITEL 7
Die Natur des Bewusstseins in einer simulierten
Realität

Die Natur des Bewusstseins in einer simulierten Realität
ist ein wichtiger Aspekt, wenn es darum geht, die
Möglichkeit zu untersuchen, dass unsere Realität eine
computergenerierte Simulation ist. Wenn unsere Realität
eine Simulation ist, wirft sie die Frage auf, ob das
Bewusstsein ein Produkt der Simulation ist oder ob es
unabhängig von der Simulation existiert.

Eine mögliche Erklärung für das Bewusstsein in einer
simulierten Realität ist, dass es ein Produkt der
Programmierung der Simulation ist. In diesem Szenario
wäre Bewusstsein eine emergente Eigenschaft der
Simulation, ähnlich wie das Verhalten einer
Ameisenkolonie aus den Interaktionen einzelner
Ameisen hervorgeht. Dies würde darauf hindeuten, dass
Bewusstsein kein eigenständiges Phänomen ist, sondern
ein Produkt der Simulation selbst.

Eine weitere mögliche Erklärung für das Bewusstsein in
einer simulierten Realität ist, dass es unabhängig von der
Simulation existiert. In diesem Szenario wäre
Bewusstsein ein grundlegender Aspekt der Realität, der
außerhalb der Simulation existiert und für seine Existenz
nicht von der Simulation abhängig ist. Dies würde darauf
hindeuten, dass Bewusstsein eher ein Produkt der
physischen Welt als ein Produkt der Simulation ist.

Darüber hinaus wirft die Natur des Bewusstseins in einer simulierten Realität Fragen über die Natur der subjektiven Erfahrung auf. Wenn Bewusstsein ein Produkt der Simulation ist, wirft es die Frage auf, ob die subjektive Erfahrung real ist oder einfach eine Illusion, die durch die Simulation erzeugt wird. Wenn das Bewusstsein unabhängig von der Simulation existiert, deutet dies darauf hin, dass subjektive Erfahrung ein grundlegender Aspekt der Realität ist, der nicht auf die Funktionsweise eines Computerprogramms reduziert werden kann.

Insgesamt ist die Natur des Bewusstseins in einer simulierten Realität ein komplexes und zum Nachdenken anregendes Thema, das unsere Annahmen über die Natur des Bewusstseins und seine Beziehung zur physischen Welt in Frage stellt. Es wirft wichtige Fragen über die Grenzen der Computersimulation und die Natur der subjektiven Erfahrung auf und fordert uns heraus, unser Verständnis der Natur der Realität zu überprüfen.

KAPITEL 8
Die Rolle der Technologie in einer simulierten
Realität

Die Rolle der Technologie in einer simulierten Realität
ist ein grundlegender Aspekt der Simulationshypothese.
Wenn unsere Realität ein Produkt der
Computersimulation einer fortgeschrittenen **Zivilisation
ist**, wirft dies Fragen über die Rolle der Technologie bei
der Erstellung und Aufrechterhaltung der Simulation auf.

Ein wichtiger Aspekt der Rolle der Technologie in einer
simulierten Realität ist die Rechenleistung, die für die
Durchführung der Simulation erforderlich ist. Wenn
unsere Realität eine Simulation wäre, würde es riesige
Mengen an Rechenleistung erfordern, um die
Komplexität der physischen Welt zu simulieren. Dies
wirft Fragen über die technologischen Fähigkeiten der
Zivilisation auf, die die Simulation geschaffen hat, und
über die Ressourcen, die erforderlich sind, um sie
aufrechtzuerhalten.

Darüber hinaus wirft die Rolle der Technologie in einer
simulierten Realität Fragen nach dem Potenzial für
Störungen oder Fehler in der Simulation auf. Wenn die
Simulation von einem Computerprogramm erstellt und
gepflegt wird, ist es möglich, dass Fehler oder Störungen
auftreten, die die Simulation stören oder ihre künstliche
Natur offenbaren würden. Dies wirft Fragen nach der

Stabilität der Simulation und den möglichen Folgen von Fehlern oder Störungen auf.

Ein weiterer wichtiger Aspekt der Rolle der Technologie in einer simulierten Realität ist das Potenzial, dass die Simulation von ihren Schöpfern manipuliert oder kontrolliert werden kann. Wenn die Simulation von einem Computerprogramm erstellt und gepflegt wird, ist es möglich, dass ihre Schöpfer die Simulation manipulieren, um bestimmte Ergebnisse zu erzielen oder das Verhalten der Wesen innerhalb der Simulation zu beeinflussen. Dies wirft Fragen nach den ethischen Implikationen einer solchen Manipulation und den möglichen Konsequenzen für die Wesen in der Simulation auf.

Insgesamt ist die Rolle der Technologie in einer simulierten Realität ein komplexes und zum Nachdenken anregendes Thema, das unser Verständnis der Grenzen der Technologie und ihrer möglichen Auswirkungen auf unser Verständnis des Universums in Frage stellt. Es wirft wichtige Fragen über die Fähigkeiten fortgeschrittener Zivilisationen und die ethischen Implikationen der Schaffung und Aufrechterhaltung einer simulierten Realität auf.

KAPITEL 9
Die Wahrscheinlichkeit einer simulierten Realität

Die Wahrscheinlichkeit einer simulierten Realität ist ein Thema, das unter Wissenschaftlern, Philosophen und der Öffentlichkeit intensiv diskutiert wird. Während die Idee einer simulierten Realität faszinierend ist und zum Nachdenken anregt, ist es eine schwierige Aufgabe, die Wahrscheinlichkeit zu bestimmen, dass unsere Realität eine Simulation ist.

Eine Möglichkeit, sich der Frage nach der Wahrscheinlichkeit einer simulierten Realität zu nähern, besteht darin, die technologischen Fähigkeiten fortgeschrittener Zivilisationen zu betrachten. Wenn es möglich ist, eine simulierte Realität zu schaffen, die von der realen Welt nicht zu unterscheiden ist, ist es wahrscheinlich, dass fortgeschrittene Zivilisationen dies bereits getan haben. Dies würde darauf hindeuten, dass die Wahrscheinlichkeit, dass unsere Realität eine Simulation ist, hoch ist.

Ein anderer Ansatz zur Bestimmung der Wahrscheinlichkeit einer simulierten Realität besteht darin, die Existenz anderer Zivilisationen im Universum zu berücksichtigen. Wenn es andere Zivilisationen im Universum gibt, ist es möglich, dass eine dieser Zivilisationen eine simulierte Realität geschaffen hat.

Dies würde darauf hindeuten, dass die Wahrscheinlichkeit, dass unsere Realität eine Simulation ist, ebenfalls hoch ist.

Es gibt jedoch auch Argumente gegen die Wahrscheinlichkeit einer simulierten Realität. Ein solches Argument ist, dass die Komplexität der physischen Welt darauf hindeutet, dass sie eher das Ergebnis natürlicher Prozesse als das Produkt eines Computerprogramms ist. Darüber hinaus legt die Existenz von Bewusstsein und subjektiver Erfahrung nahe, dass unsere Realität nicht einfach eine Computersimulation ist, sondern ein grundlegender Aspekt der Realität.

Letztendlich ist die Wahrscheinlichkeit einer simulierten Realität ein komplexes und vielschichtiges Thema, das wichtige Fragen über das Wesen der Realität und unseren Platz darin aufwirft. Während es schwierig ist, die Wahrscheinlichkeit zu bestimmen, dass unsere Realität eine Simulation ist, fordert uns die Erforschung dieser Möglichkeit heraus, unsere Annahmen über die Natur der Realität und die Grenzen des menschlichen Wissens und der menschlichen Wahrnehmung in Frage zu stellen.

KAPITEL 10
Die Suche nach Beweisen für eine simulierte
Realität

Die Suche nach Beweisen für eine simulierte Realität ist
ein ständiges Streben von Wissenschaftlern, Philosophen
und Forschern, die daran interessiert sind, die
Möglichkeit zu erforschen, dass unsere Realität eine
computergenerierte Simulation ist. Während die Idee
einer simulierten Realität faszinierend ist, erfordert die
Bestimmung, ob unsere Realität eine Simulation ist oder
nicht, Beweise, die die Simulationshypothese
unterstützen oder widerlegen.

Ein Ansatz für die Suche nach Beweisen für eine
simulierte Realität besteht darin, nach Störungen oder
Anomalien in unserer Realität zu suchen, die darauf
hindeuten, dass es sich um eine Simulation handelt.
Wenn zum Beispiel die Gesetze der Physik inkonsistent
zu sein scheinen oder wenn es unerklärliche Phänomene
gibt, die nicht durch natürliche Prozesse erklärt werden
können, kann dies darauf hindeuten, dass unsere Realität
nicht das ist, was sie zu sein scheint.

Ein anderer Ansatz besteht darin, nach Einschränkungen
in unserer Wahrnehmung und unserem Verständnis der
Welt zu suchen, die darauf hindeuten, dass unsere
Realität eine Simulation ist. Wenn es zum Beispiel
Aspekte der Realität gibt, die wir nicht wahrnehmen

oder verstehen können, kann dies darauf hindeuten, dass unsere Realität durch die Programmierung der Simulation begrenzt ist.

Darüber hinaus können Forscher nach Beweisen für fortgeschrittene technologische Zivilisationen suchen, die in der Lage sind, eine simulierte Realität zu schaffen und aufrechtzuerhalten. Zum Beispiel könnte die Entdeckung fortschrittlicher Computertechnologie oder die Erkennung künstlicher Signale aus dem Weltraum darauf hindeuten, dass unsere Realität eine Simulation ist, die von einer fortgeschrittenen Zivilisation geschaffen wurde.

Insgesamt ist die Suche nach Beweisen für eine simulierte Realität ein komplexes und andauerndes Unterfangen, das unser Verständnis des Universums und unseres Platzes darin herausfordert. Während es schwierig ist zu bestimmen, ob unsere Realität eine Simulation ist oder nicht , fordert uns die Suche nach Beweisen heraus, unsere Annahmen über die Natur der Realität in Frage zu stellen und neue Wege der wissenschaftlichen und philosophischen Untersuchung zu erkunden.

KAPITEL 11
Das Simulationsargument und seine Kritiker

Das Simulationsargument ist ein philosophisches Argument, das vorschlägt, dass es wahrscheinlicher ist, dass wir in einer Computersimulation leben. Während das Argument in den letzten Jahren an Popularität gewonnen hat, wurde es auch von mehreren Seiten kritisiert.

Einer der Hauptkritikpunkte am Simulationsargument ist die Annahme, dass fortgeschrittene Zivilisationen die technologische Fähigkeit hätten, eine Computersimulation zu erstellen, die von der Realität nicht zu unterscheiden ist. Einige Kritiker argumentieren, dass die technologischen Herausforderungen bei der Erstellung einer solchen Simulation unüberwindbar sind und dass das Simulationsargument daher fehlerhaft ist.

Ein weiterer Kritikpunkt am Simulationsargument ist die Annahme, dass es eine Motivation für die Erstellung einer solchen Simulation geben würde. Einige argumentieren, dass es keinen Grund für eine fortgeschrittene Zivilisation gibt, eine Simulation unserer Realität zu erstellen, und dass das Simulationsargument daher auf einer fehlerhaften Prämisse basiert.

Darüber hinaus argumentieren einige Kritiker, dass das Simulationsargument nicht falsifizierbar und daher unwissenschaftlich ist. Da es unmöglich ist, definitiv zu beweisen, ob wir in einer Simulation leben oder nicht, kann das Argument keiner empirischen Überprüfung unterzogen werden, was es schwierig macht, seine Gültigkeit zu bestimmen.

Trotz dieser Kritik bleibt das Simulationsargument ein beliebtes Diskussionsthema unter Philosophen und Wissenschaftlern, die daran interessiert sind, die Natur der Realität zu erforschen. Während es schwierig sein mag, definitiv zu beweisen, ob wir in einer Simulation leben oder nicht, fordert uns das Simulationsargument heraus, unsere Annahmen über das Universum in Frage zu stellen und neue Wege der wissenschaftlichen und philosophischen Untersuchung zu erkunden.

KAPITEL 12
Die Simulationshypothese in der Populärkultur

Die Simulationshypothese ist ein beliebtes Thema in der Science-Fiction und der Populärkultur, wobei viele Arbeiten die Möglichkeit untersuchen, dass unsere Realität eine computergenerierte Simulation ist. Hier ein paar Beispiele:

1. Die Matrix: The Matrix ist vielleicht das berühmteste Beispiel für die Simulationshypothese in der Populärkultur und zeigt eine dystopische Zukunft, in der die Menschheit von intelligenten Maschinen versklavt wird, die eine simulierte Realität geschaffen haben, um die Menschen in einem Zustand schwebender Animation zu halten.

2. Die Truman Show: In diesem Film entdeckt die Hauptfigur Truman langsam, dass sein ganzes Leben eine Fernsehshow war, die von den Produzenten erstellt und kontrolliert wurde.

3. Westworld: Die HBO-Serie Westworld erforscht die Idee einer simulierten Realität, in der menschliche Gäste mit künstlich intelligenten Androiden interagieren können.

4. Black Mirror: Die Anthologieserie Black Mirror hat die Simulationshypothese in mehreren Episoden untersucht, darunter "USS Callister", in

dem ein Computerprogrammierer dargestellt wird, der eine simulierte Realität basierend auf seiner Lieblingsfernsehsendung erstellt.

5. Ready Player One: In diesem Roman und dem nachfolgenden Film verbringt der größte Teil der Menschheit seine Zeit in einer Virtual-Reality-Welt, die als OASIS bekannt ist und von einem wohlhabenden und mächtigen Unternehmen geschaffen und kontrolliert wird.

Diese fiktionalen Werke werfen wichtige Fragen über die Natur der Realität und unseren Platz darin auf. Sie fordern uns heraus, unsere Annahmen über die Welt zu hinterfragen und neue Möglichkeiten zum Verständnis des Universums zu erforschen. Während die Simulationshypothese unter Wissenschaftlern und Philosophen nach wie vor umstritten ist, zeigt ihre Verbreitung in der Populärkultur ihre anhaltende Anziehungskraft und Relevanz für die heutige Gesellschaft.

KAPITEL 13
Der Einfluss einer simulierten Realität auf die
menschliche Identität

Die Auswirkungen einer simulierten Realität auf die
menschliche Identität ist ein zum Nachdenken
anregendes Thema, das die möglichen Konsequenzen
des Lebens in einer computergenerierten Simulation
untersucht. Wenn unsere Realität eine Simulation ist,
wirft sie wichtige Fragen über unser Verständnis von uns
selbst und unseren Platz im Universum auf.

Eine mögliche Auswirkung einer simulierten Realität auf
die menschliche Identität ist das Konzept der
Handlungsfähigkeit. Wenn unsere Handlungen und
Erfahrungen durch die Programmierung der Simulation
vorgegeben sind, wirft dies die Frage auf, ob wir
Handlungsfähigkeit und freien Willen haben oder ob
unsere Handlungen einfach durch die Simulation
vorbestimmt sind.

Ein weiterer Einfluss einer simulierten Realität auf die
menschliche Identität ist das Konzept der Authentizität.
Wenn unsere Realität eine Simulation ist, wirft dies
Fragen nach der Authentizität unserer Erfahrungen und
dem Wert der physischen Realität auf. Es kann auch

unser Verständnis davon in Frage stellen, was real ist
und was nicht.

Darüber hinaus kann das Konzept einer simulierten
Realität unser Verständnis unseres eigenen Bewusstseins
und unserer subjektiven Erfahrung beeinflussen. Wenn
unsere Realität eine Simulation ist, wirft sie die Frage
auf, ob Bewusstsein und subjektive Erfahrung real oder
einfach nur Produkte der Simulation sind.

Schließlich kann der Einfluss einer simulierten Realität
auf die menschliche Identität auch psychologische
Konsequenzen haben. Es kann unser Verständnis unseres
Platzes im Universum und unseren Sinn für Zweck und
Bedeutung in Frage stellen. Es kann sich auch auf unser
Gefühl von Individualität und Identität sowie auf unser
Verständnis sozialer und kultureller Normen auswirken.

Insgesamt ist der Einfluss einer simulierten Realität auf
die menschliche Identität ein komplexes und zum
Nachdenken anregendes Thema, das unser Verständnis
von uns selbst und unserem Platz im Universum
herausfordert. Während das Konzept einer simulierten
Realität wichtige Fragen aufwirft, kann die Erforschung
dieser Möglichkeit auch neue Einblicke in das
menschliche Bewusstsein, die Identität und die Natur der
Realität liefern.

KAPITEL 14
Die Simulationshypothese und der freie Wille

Die Simulationshypothese und der freie Wille ist ein Thema philosophischer und wissenschaftlicher Untersuchungen, das die möglichen Auswirkungen des Lebens in einer computergenerierten Simulation auf unser Verständnis des freien Willens untersucht. Wenn unsere Realität eine Simulation ist, wirft sie die Frage auf, ob wir Handlungsfähigkeit und freien Willen haben oder ob unsere Handlungen durch die Programmierung der Simulation vorbestimmt sind.

Eine Möglichkeit, sich der Frage des freien Willens in einer simulierten Realität zu nähern, besteht darin, das Konzept des Determinismus zu betrachten. Determinismus ist die Idee, dass alle Ereignisse, einschließlich menschlicher Handlungen, durch frühere Ursachen und Naturgesetze bestimmt werden. Wenn unsere Realität eine Simulation ist, ist es möglich, dass unsere Handlungen durch die Programmierung der Simulation vorbestimmt sind, was bedeutet, dass wir keinen freien Willen im traditionellen Sinne haben.

Andere argumentieren jedoch, dass das Konzept des freien Willens in einer simulierten Realität immer noch existieren kann, auch wenn unsere Handlungen durch die Programmierung der Simulation vorgegeben sind. Zum Beispiel argumentieren einige, dass unsere Fähigkeit,

Entscheidungen zu treffen und nach diesen
Entscheidungen zu handeln, auch wenn diese
Entscheidungen durch die Simulation vorgegeben sind,
immer noch eine Form des freien Willens ist.

Darüber hinaus wirft die Simulationshypothese und der
freie Wille Fragen über die Natur des Bewusstseins und
der subjektiven Erfahrung auf. Wenn unsere Realität
eine Simulation ist, wirft sie die Frage auf, ob
Bewusstsein und subjektive Erfahrung real oder einfach
nur Produkte der Simulation sind. Es kann auch unser
Verständnis davon, was es bedeutet, ein Mensch zu sein,
und unseren Sinn für Zweck und Bedeutung in Frage
stellen.

Insgesamt ist die Simulationshypothese und der freie
Wille ein komplexes und zum Nachdenken anregendes
Thema, das unser Verständnis des Universums und
unseres Platzes darin herausfordert. Während es
schwierig sein mag, definitiv zu bestimmen, ob wir in
einer simulierten Realität einen freien Willen haben oder
nicht, fordert uns die Erforschung dieser Möglichkeit
heraus, unsere Annahmen über die Natur der Realität
und die Grenzen des menschlichen Handelns in Frage zu
stellen.

KAPITEL 15
Die Verbindung zwischen Quantenmechanik und
simulierter Realität

Die Verbindung zwischen Quantenmechanik und einer
simulierten Realität ist ein Thema intensiver
wissenschaftlicher und philosophischer Debatten. Die
Quantenmechanik ist der Zweig der Physik, der das
Verhalten von Teilchen auf atomarer und subatomarer
Ebene untersucht. Es wurde vermutet, dass das seltsame
und kontraintuitive Verhalten von Teilchen auf dieser
Ebene ein Beweis dafür sein könnte, dass unsere Realität
eine computergenerierte Simulation ist.

Eine Möglichkeit, die Quantenmechanik mit der
Simulationshypothese zu verbinden, ist das Konzept der
Verschränkung. Verschränkung ist ein Phänomen, bei
dem zwei Teilchen so miteinander verbunden werden,
dass der Zustand des einen Teilchens vom Zustand des
anderen abhängt, auch wenn sie durch große
Entfernungen voneinander getrennt sind. Dieses
Verhalten wurde als "spukhafte Fernwirkung"
beschrieben und deutet darauf hin, dass sich Teilchen
nicht so verhalten, wie wir es erwarten würden, wenn die
Realität rein physisch wäre.

Eine weitere Verbindung zwischen der
Quantenmechanik und der Simulationshypothese besteht

durch das Konzept der Unbestimmtheit. In der Quantenmechanik befinden sich Teilchen nicht immer in einem bestimmten Zustand. Stattdessen existieren sie in einer Überlagerung von Zuständen, bis sie beobachtet werden, woraufhin ihr Zustand in einen bestimmten Zustand zusammenbricht. Dieses Verhalten deutet darauf hin, dass die Realität nicht deterministisch, sondern eher probabilistisch ist, was möglicherweise eher mit einer computergenerierten Simulation als mit einer rein physikalischen Realität übereinstimmt.

Darüber hinaus haben einige Theoretiker vorgeschlagen, dass die mathematische Struktur der Quantenmechanik der Struktur eines Computerprogramms ähnelt. Dies hat einige zu der Annahme veranlasst, dass das Universum durch einen Code oder Algorithmus beschrieben werden kann, ähnlich dem Code, der ein Computerprogramm ausführt.

Insgesamt ist der Zusammenhang zwischen Quantenmechanik und einer simulierten Realität ein komplexes und facettenreiches Thema, das unser Verständnis der Natur der Realität herausfordert. Während es schwierig ist, definitiv zu bestimmen, ob unsere Realität eine Simulation ist oder nicht, deuten die Verbindungen zwischen der Quantenmechanik und der Simulationshypothese darauf hin, dass weitere Untersuchungen zu neuen Erkenntnissen über die Natur des Universums führen können.

KAPITEL 16
Die Simulationshypothese und das Fermi-
Paradoxon

Die Simulationshypothese und das Fermi-Paradoxon ist
ein Thema wissenschaftlicher und philosophischer
Untersuchungen, das den Zusammenhang zwischen der
Möglichkeit, dass unsere Realität eine
computergenerierte Simulation ist, und der scheinbaren
Abwesenheit fortgeschrittener außerirdischer
Zivilisationen im Universum untersucht.

Das Fermi-Paradoxon ist der scheinbare Widerspruch
zwischen der hohen Wahrscheinlichkeit, dass
fortgeschrittene außerirdische Zivilisationen im
Universum existieren, und dem Mangel an Beweisen für
ihre Existenz. Eine mögliche Erklärung für das Fermi-
Paradoxon ist, dass fortgeschrittene Zivilisationen nicht
so verbreitet sind, wie wir vielleicht erwarten, oder dass
sie nicht in der Lage oder nicht willens sind, mit anderen
Zivilisationen zu kommunizieren.

Die Simulationshypothese bietet jedoch eine andere
mögliche Erklärung für das Fermi-Paradoxon. Wenn
unsere Realität eine computergenerierte Simulation ist,
ist es möglich, dass andere Hochkulturen bereits
ähnliche Simulationen erstellt haben und in ihnen leben,
anstatt das physische Universum zu erforschen. Dies
würde darauf hindeuten, dass das scheinbare Fehlen
außerirdischer Zivilisationen im Universum nicht auf

einen Mangel an fortgeschrittenen Zivilisationen zurückzuführen ist, sondern eher auf eine Präferenz für das Leben in Simulationen.

Darüber hinaus werfen die Simulationshypothese und das Fermi-Paradoxon Fragen nach der Natur der Realität und unserem Platz darin auf. Wenn unsere Realität eine Simulation ist, stellt sie unser Verständnis dessen, was real ist und was nicht, sowie unser Verständnis des Universums und unseres Platzes darin in Frage.

Insgesamt ist die Simulationshypothese und das Fermi-Paradoxon ein komplexes und zum Nachdenken anregendes Thema, das unser Verständnis des Universums und die möglichen Erklärungen für die scheinbare Abwesenheit fortgeschrittener außerirdischer Zivilisationen in Frage stellt. Während es schwierig ist, definitiv zu bestimmen, ob **unsere Realität** eine Simulation ist oder nicht, fordert uns die Erforschung dieser Möglichkeit heraus, unsere Annahmen über die Natur der Realität in Frage zu stellen und neue Wege der wissenschaftlichen und philosophischen Untersuchung zu erkunden.

KAPITEL 17
Die Simulationshypothese und mystische Erfahrungen

Die Simulationshypothese und mystische Erfahrungen
ist ein Thema philosophischer und spiritueller
Untersuchungen, das die möglichen Zusammenhänge
zwischen der Möglichkeit, dass unsere Realität eine
computergenerierte Simulation ist, und mystischen
Erfahrungen untersucht.

Mystische Erfahrungen sind oft gekennzeichnet durch
ein Gefühl der Einheit und Verbundenheit mit allen
Dingen, eine Auflösung des Egos und das Gefühl, Teil
von etwas zu sein, das größer ist als man selbst. Einige
Philosophen und spirituell Praktizierende haben
vorgeschlagen, dass diese Erfahrungen ein Beweis dafür
sein könnten, dass unsere Realität eine Simulation ist, da
sie darauf hindeuten, dass unsere Wahrnehmungen von
Trennung und Individualität illusionär sind.

Darüber hinaus haben einige vorgeschlagen, dass
mystische Erfahrungen eine Möglichkeit sein könnten,
auf die Programmierung der Simulation zuzugreifen, die
es uns ermöglicht, uns mit einer tieferen Realität jenseits
der Grenzen unserer physischen Sinne zu verbinden.

Andere argumentieren jedoch, dass die Verbindung zwischen der Simulationshypothese und mystischen Erfahrungen bestenfalls dürftig ist. Während mystische Erfahrungen unsere Annahmen über die Natur der Realität in Frage stellen können, liefern sie nicht unbedingt den Beweis, dass unsere Realität eine computergenerierte Simulation ist.

Darüber hinaus argumentieren einige, dass die Simulationshypothese tatsächlich vom Wert mystischer Erfahrungen ablenken kann, indem sie sie auf bloße Produkte eines Computerprogramms und nicht auf authentische und bedeutungsvolle Erfahrungen des Göttlichen reduziert.

Insgesamt ist die Verbindung zwischen der Simulationshypothese und mystischen Erfahrungen ein komplexes und facettenreiches Thema, das wichtige Fragen über die Natur der Realität und die möglichen Verbindungen zwischen wissenschaftlicher und spiritueller Forschung aufwirft. Während es schwierig ist, definitiv zu bestimmen, ob unsere Realität eine Simulation ist oder nicht, fordert uns die Erforschung dieser Möglichkeit heraus, unsere Annahmen über die Natur des Bewusstseins, die Grenzen des menschlichen Wissens und das Potenzial mystischer Erfahrungen, Einsicht in die Natur der Realität zu geben, in Frage zu stellen.

KAPITEL 18

Die Simulationshypothese und die Natur der
Realität

Die Simulationshypothese und die Natur der Realität ist
ein Thema philosophischer und wissenschaftlicher
Untersuchungen, das die möglichen Auswirkungen des
Lebens in einer computergenerierten Simulation auf
unser Verständnis des Universums und der Natur der
Realität untersucht.

Wenn unsere Realität eine Simulation ist, fordert sie
unser Verständnis davon heraus, was real ist und was
nicht. Es deutet darauf hin, dass das physikalische
Universum, das wir erleben, eher ein Produkt eines
Computerprogramms als ein grundlegender Aspekt der
Realität sein könnte. Es wirft Fragen über die Natur des
Bewusstseins, die Beziehung zwischen Geist und
Materie und die Grenzen des menschlichen Wissens und
der menschlichen Wahrnehmung auf.

Darüber hinaus stellt die Simulationshypothese unser
Verständnis des Universums und unseres Platzes darin in
Frage. Es deutet darauf hin, dass das Universum weitaus
komplexer und mysteriöser sein könnte, als wir derzeit
verstehen können, und dass unser Verständnis des

Universums durch die Programmierung der Simulation begrenzt sein könnte.

Die Simulationshypothese bietet aber auch neue Möglichkeiten für wissenschaftliche und philosophische Fragestellungen. Es fordert uns heraus, neue Wege der Forschung zu erkunden und unsere Annahmen über das Universum und unseren Platz darin zu hinterfragen. Es kann auch Einblicke in die Natur des Bewusstseins, das Potenzial für fortgeschrittene technologische Zivilisationen und die ultimative Natur der Realität geben.

Insgesamt ist die Simulationshypothese und die Natur der Realität ein komplexes und zum Nachdenken anregendes Thema, das unser Verständnis des Universums und unseres Platzes darin herausfordert. Während es schwierig ist, definitiv zu bestimmen, ob unsere Realität eine Simulation ist oder nicht, fordert uns die Erforschung dieser Möglichkeit heraus, unsere Annahmen über die Natur der Realität in Frage zu stellen und neue Wege der wissenschaftlichen und philosophischen Untersuchung zu erkunden.

KAPITEL 19
Die Simulationshypothese und das Simulationsargument

Die Simulationshypothese und das Simulationsargument sind verwandte, aber unterschiedliche Konzepte. Die Simulationshypothese schlägt vor, dass es möglich ist, dass unsere Realität eine computergenerierte Simulation ist, während das Simulationsargument ein philosophisches Argument ist, das vorschlägt, dass es wahrscheinlicher ist, dass wir in einer Computersimulation leben.

Das Simulationsargument basiert auf drei Prämissen: der Möglichkeit, dass fortgeschrittene Zivilisationen in der Lage sind, eine Computersimulation zu erstellen, der Wahrscheinlichkeit, dass solche Zivilisationen daran interessiert wären, eine Simulation ihrer Vorfahren oder historischen Ereignisse zu erstellen, und der Wahrscheinlichkeit, dass wir in einer Simulation und nicht in einer physischen Realität leben. Das Argument wurde in der philosophischen Gemeinschaft ausführlich diskutiert, wobei einige Philosophen argumentierten, dass die Prämissen fehlerhaft sind oder dass das Argument nicht falsifizierbar ist.

Die Simulationshypothese hingegen ist ein breiteres Konzept, das die Möglichkeit einer computergenerierten Simulation umfasst, ohne notwendigerweise Aussagen über die Wahrscheinlichkeit oder Wahrscheinlichkeit einer solchen Simulation zu machen.

Während die Simulationshypothese und das Simulationsargument verwandt sind, werfen sie unterschiedliche Fragen auf und erfordern unterschiedliche Formen der Untersuchung. Die Simulationshypothese fordert uns heraus, die Natur der Realität und die möglichen Implikationen des Lebens in einer computergenerierten Simulation zu erforschen, während das Simulationsargument uns herausfordert, die Wahrscheinlichkeit einer solchen Simulation und ihre möglichen Auswirkungen auf unser Verständnis des Universums zu berücksichtigen.

Insgesamt sind die Simulationshypothese und das Simulationsargument wichtige und zum Nachdenken anregende Themen, die uns herausfordern, unsere Annahmen über das Universum und unseren Platz darin in Frage zu stellen. Auch wenn sie keine endgültigen Antworten auf die Natur der Realität geben, kann die Erforschung dieser Möglichkeiten neue Einblicke in die Grenzen des menschlichen Wissens und das Potenzial für wissenschaftliche und philosophische Untersuchungen bieten.

KAPITEL 20
Die Simulationshypothese und Künstliche Intelligenz

Die Simulationshypothese und künstliche Intelligenz ist ein Thema wissenschaftlicher und philosophischer Untersuchungen, die die möglichen Zusammenhänge zwischen der Möglichkeit, dass unsere Realität eine computergenerierte Simulation ist, und der Entwicklung künstlicher Intelligenz untersuchen.

Wenn unsere Realität eine Simulation ist, wirft dies Fragen nach dem Potenzial auf, künstliche Intelligenz innerhalb der Simulation zu schaffen. Es deutet darauf hin, dass fortgeschrittene Zivilisationen, die in der Lage sind, eine Simulation zu erstellen, auch in der Lage sein können, fortgeschrittene Formen künstlicher Intelligenz innerhalb dieser Simulation zu schaffen. Darüber hinaus stellt sich die Frage, ob wir selbst eine künstliche Intelligenz innerhalb einer Simulation sind oder nicht.

Darüber hinaus wirft die Simulationshypothese und die Künstliche Intelligenz Fragen nach dem Potenzial auf, bewusste und selbstbewusste Maschinen zu schaffen. Wenn unsere Realität eine Simulation ist, deutet dies darauf hin, dass Bewusstsein und Selbstbewusstsein eher ein Produkt der Programmierung der Simulation als ein inhärenter Aspekt des Universums sein können. Dies kann Auswirkungen auf die Entwicklung bewusster und selbstbewusster Maschinen innerhalb der Simulation sowie auf unser Verständnis der Natur des Bewusstseins und des Selbstbewusstseins haben.

Darüber hinaus stellen die Simulationshypothese und die Künstliche Intelligenz unser Verständnis der Grenzen des menschlichen Wissens und des Potenzials für technologischen Fortschritt in Frage. Wenn unsere Realität eine Simulation ist, deutet dies darauf hin, dass das Universum weitaus komplexer und mysteriöser sein kann, als wir derzeit begreifen können, und dass der technologische Fortschritt durch die Programmierung der Simulation begrenzt werden kann.

Insgesamt ist die Simulationshypothese und Künstliche Intelligenz ein komplexes und zum Nachdenken anregendes Thema, das uns herausfordert, unsere Annahmen über das Universum und unseren Platz darin zu hinterfragen. Während es schwierig ist, definitiv zu bestimmen, ob unsere Realität eine Simulation ist oder nicht, fordert uns die Erforschung dieser Möglichkeit heraus, neue Möglichkeiten für den technologischen Fortschritt, künstliche Intelligenz und die Natur des Bewusstseins und des Selbstbewusstseins zu erforschen.

KAPITEL 21
Die Simulationshypothese und die Natur der Zeit

Die Simulationshypothese und die Natur der Zeit ist ein Thema wissenschaftlicher und philosophischer Untersuchungen, das die möglichen Auswirkungen des Lebens in einer computergenerierten Simulation auf unser Verständnis von Zeit und der Natur der Realität untersucht.

Wenn unsere Realität eine Simulation ist, stellt sie unser Verständnis der Natur der Zeit in Frage. Es deutet darauf hin, dass die Zeit eher ein Produkt der Programmierung der Simulation als ein grundlegender Aspekt der Realität sein kann. Dies wirft Fragen nach der Natur der Kausalität, der Möglichkeit von Zeitreisen und der Bedeutung von Vergangenheit, Gegenwart und Zukunft auf.

Darüber hinaus stellt die Simulationshypothese unser Verständnis der Natur des Wandels und der Möglichkeit des Fortschritts in Frage. Wenn unsere Realität eine Simulation ist, wirft sie die Frage auf, ob eine Veränderung möglich ist oder nicht, oder ob alle Ereignisse durch die Programmierung der Simulation vorgegeben sind. Dies kann Auswirkungen auf unser Verständnis von menschlichem Handeln, freiem Willen und dem Potenzial für technologischen Fortschritt haben.

Darüber hinaus wirft die Simulationshypothese und die Natur der Zeit Fragen nach der Beziehung zwischen subjektiver Erfahrung und der Natur der Zeit auf. Wenn Zeit ein Produkt der Programmierung der Simulation ist, deutet dies darauf hin, dass unsere Zeiterfahrung illusionär oder subjektiv sein kann. Dies kann unser Verständnis dessen, was real ist und was nicht, sowie unser Verständnis der Natur des Bewusstseins in Frage stellen.

Insgesamt ist die Simulationshypothese und die Natur der Zeit ein komplexes und zum Nachdenken anregendes Thema, das uns herausfordert, unsere Annahmen über die Natur der Realität und die Grenzen des menschlichen Wissens in Frage zu stellen. Während es schwierig ist, definitiv zu bestimmen, ob unsere Realität eine Simulation ist oder nicht , fordert uns die Erforschung dieser Möglichkeit heraus, neue Wege der wissenschaftlichen und philosophischen Untersuchung zu erkunden und die möglichen Auswirkungen des Lebens in einer computergenerierten Simulation auf unser Verständnis von Zeit und der Natur der Realität zu berücksichtigen.

KAPITEL 22
Die Simulationshypothese und die
Multiversumtheorie

Die Simulationshypothese und Multiversumtheorie ist
ein Thema wissenschaftlicher und philosophischer
Untersuchungen, das die möglichen Zusammenhänge
zwischen der Möglichkeit, dass unsere Realität eine
computergenerierte Simulation ist, und der Existenz
mehrerer Universen oder des Multiversums untersucht.

Die Multiversum-Theorie legt nahe, dass es viele
Paralleluniversen geben kann, von denen jedes seine
eigenen physikalischen Gesetze und Konstanten hat.
Diese Theorie wirft Fragen über die Natur der Realität
und die Möglichkeit auf, dass es eine unendliche Anzahl
von Realitäten jenseits unserer eigenen geben kann.

Die Simulationshypothese legt nahe, dass unsere Realität
eine computergenerierte Simulation sein könnte, und
daher könnte das Konzept mehrerer Universen auch Teil
der Programmierung der Simulation sein. Dies würde
darauf hindeuten, dass das Multiversum keine
physikalische Realität ist, sondern ein Produkt der
Programmierung der Simulation.

Darüber hinaus stellen die Simulationshypothese und die
Multiversum-Theorie unser Verständnis der Natur des

Bewusstseins und der Beziehung zwischen Geist und Materie in Frage. Wenn unsere Realität eine Simulation ist und das Multiversum ein Produkt der Programmierung der Simulation ist, wirft dies Fragen über die Möglichkeit der Existenz von Bewusstsein jenseits unserer physischen Realität und das Potenzial für bewusste Wesen auf, in anderen Universen oder Simulationen zu existieren.

Darüber hinaus werfen die Simulationshypothese und die Multiversumtheorie Fragen nach den Grenzen des menschlichen Wissens und dem Potenzial für wissenschaftlichen und technologischen Fortschritt auf. Wenn unsere Realität eine Simulation ist und das Multiversum ein Produkt der Programmierung der Simulation ist, deutet dies darauf hin, dass das Universum weitaus komplexer und mysteriöser sein könnte, als wir es derzeit verstehen können, und dass unser Verständnis des Universums durch die Programmierung der Simulation begrenzt sein könnte.

Insgesamt sind die Simulationshypothese und die Multiversumtheorie komplexe und zum Nachdenken anregende Themen, die uns herausfordern, unsere Annahmen über die Natur der Realität und die möglichen Zusammenhänge zwischen wissenschaftlicher und philosophischer Forschung in Frage zu stellen. Während es schwierig ist, definitiv zu bestimmen, ob unsere Realität eine Simulation ist oder nicht , fordert uns die Erforschung dieser Möglichkeit heraus, neue Wege der wissenschaftlichen und philosophischen Forschung zu erkunden und die möglichen

Auswirkungen des Lebens in einer computergenerierten Simulation auf unser Verständnis des Multiversums und der Natur der Realität zu berücksichtigen.

KAPITEL 23
Die Simulationshypothese und
Simulationstheorie

Die Simulationshypothese und die Simulationstheorie
sind verwandte Konzepte, die beide die Möglichkeit
untersuchen, dass unsere Realität eine
computergenerierte Simulation sein könnte. Sie
unterscheiden sich jedoch in ihrem Fokus und ihrer
Methodik.

Die Simulationshypothese schlägt vor, dass es möglich
ist, dass unsere Realität eine computergenerierte
Simulation ist. Es ist ein philosophisches und
wissenschaftliches Konzept, das von Denkern in
verschiedenen Disziplinen erforscht wurde. Die
Hypothese wirft Fragen über die Natur der Realität und
unseren Platz darin sowie über die möglichen
Implikationen des Lebens in einer Simulation auf.

Die Simulationstheorie hingegen ist ein
wissenschaftlicher Ansatz, um die Möglichkeit des
Lebens in einer computergenerierten Simulation zu
erforschen. Es geht darum, Simulationen zu erstellen, um
verschiedene Phänomene zu untersuchen und zu
verstehen und Theorien über die Natur der Realität zu
testen. Zum Beispiel wird die Simulationstheorie in
Bereichen wie Physik und Kosmologie verwendet, um

das Verhalten von Teilchen und die Entwicklung des Universums **zu untersuchen**.

Während die Simulationshypothese ein breiteres Konzept ist, das die Möglichkeit einer computergenerierten Simulation umfasst, ohne notwendigerweise Aussagen über die Wahrscheinlichkeit oder Wahrscheinlichkeit einer solchen Simulation zu machen, ist die Simulationstheorie eine wissenschaftliche Methodik zur Erforschung der Möglichkeit einer Simulation.

Insgesamt sind die Simulationshypothese und die Simulationstheorie wichtige und zum Nachdenken anregende Themen, die uns herausfordern, unsere Annahmen über das Universum und unseren Platz darin zu hinterfragen. Auch wenn sie keine endgültigen Antworten auf die Natur der Realität geben, kann die Erforschung dieser Möglichkeiten neue Einblicke in die Grenzen des menschlichen Wissens und das Potenzial für wissenschaftliche und philosophische Untersuchungen bieten.

KAPITEL 24
Die Simulationshypothese und der Bewusstseinstransfer

Die Simulationshypothese und der Bewusstseinstransfer
sind ein Thema philosophischer und wissenschaftlicher
Untersuchungen, das die möglichen Auswirkungen des
Lebens in einer computergenerierten Simulation auf die
Übertragung von Bewusstsein untersucht.

Bewusstseinstransfer bezieht sich auf den
hypothetischen Prozess der Übertragung des eigenen
Bewusstseins von einem Körper oder Gehirn auf einen
anderen. Die Simulationshypothese legt nahe, dass es
möglich sein könnte, Bewusstsein innerhalb einer
Simulation zu übertragen, da die Simulation von einem
Computerprogramm gesteuert wird und die Natur des
Bewusstseins ein Produkt der Programmierung sein
kann.

Darüber hinaus stellt die Simulationshypothese unser
Verständnis der Natur des Bewusstseins und der
Beziehung zwischen Geist und Materie in Frage. Wenn
unsere Realität eine Simulation ist, deutet dies darauf
hin, dass das Bewusstsein eher ein Produkt der
Programmierung der Simulation als ein inhärenter
Aspekt des Universums sein könnte. Dies kann
Auswirkungen auf das Potenzial für den
Bewusstseinstransfer innerhalb einer Simulation haben.

Darüber hinaus werfen die Simulationshypothese und der Bewusstseinstransfer ethische Fragen zu den möglichen Konsequenzen des Bewusstseinstransfers auf. Es wirft Fragen über das Potenzial für Identitätsverlust oder Verwirrung, die Natur der persönlichen Identität und das Potenzial für den Missbrauch von Bewusstseinstransfertechnologie auf.

Insgesamt sind die Simulationshypothese und der Bewusstseinstransfer komplexe und zum Nachdenken anregende Themen, die uns herausfordern, unsere Annahmen über die Natur der Realität, das Potenzial für technologischen Fortschritt und die möglichen Auswirkungen des Lebens in einer computergenerierten Simulation auf die Übertragung von Bewusstsein in Frage zu stellen. Während es schwierig ist, definitiv zu bestimmen, ob unsere Realität eine Simulation ist oder nicht, fordert uns die Erforschung dieser Möglichkeit heraus, neue Wege der wissenschaftlichen und philosophischen Untersuchung zu erkunden und die möglichen Konsequenzen des Bewusstseinstransfers innerhalb einer Simulation zu berücksichtigen.

KAPITEL 25
Die Simulationshypothese und der
Transhumanismus

Die Simulationshypothese und der Transhumanismus ist
ein Thema philosophischer und wissenschaftlicher
Untersuchungen, das die möglichen Zusammenhänge
zwischen der Möglichkeit, dass unsere Realität eine
computergenerierte Simulation ist, und der Bewegung in
Richtung Transhumanismus untersucht.

Transhumanismus ist eine Bewegung, die darauf abzielt,
die menschlichen Fähigkeiten durch den Einsatz von
Technologie zu verbessern . Es versucht, die Grenzen
des menschlichen Körpers und Geistes zu überwinden
und neue Möglichkeiten für die menschliche Evolution
und den Fortschritt zu erforschen.

Wenn unsere Realität eine Simulation ist, stellt sie unser
Verständnis der Natur der menschlichen Existenz und
des Potenzials für technologischen Fortschritt in Frage.
Es wirft Fragen nach der Möglichkeit auf, eine
posthumane Realität zu schaffen, in der Individuen die
Grenzen des menschlichen Körpers und Geistes
innerhalb der Simulation überschreiten können. Dies
kann die Entwicklung von künstlicher Intelligenz,
Gehirn-Computer-Schnittstellen und anderen
fortschrittlichen Formen der Technologie umfassen.

Darüber hinaus stellen die Simulationshypothese und der Transhumanismus unser Verständnis der Beziehung zwischen Geist und Materie in Frage. Wenn unsere Realität eine Simulation ist, deutet dies darauf hin, dass der Geist und das Bewusstsein eher ein Produkt der Programmierung der Simulation als ein inhärenter Aspekt des Universums sein könnten. Dies kann Auswirkungen auf das Potenzial haben, das menschliche Bewusstsein zu verbessern und neue Formen der Intelligenz innerhalb einer Simulation zu schaffen.

Darüber hinaus werfen die Simulationshypothese und der Transhumanismus ethische Fragen nach den möglichen Konsequenzen der Verfolgung transhumanistischer Technologien innerhalb einer Simulation auf. Es wirft Fragen über das Potenzial für Identitätsverlust oder Verwechslung, die Natur der persönlichen Identität und das Potenzial für den Missbrauch fortschrittlicher Technologien auf.

Insgesamt sind die Simulationshypothese und der Transhumanismus komplexe und zum Nachdenken anregende Themen, die uns herausfordern, unsere Annahmen über die Natur der Realität, das Potenzial für technologischen Fortschritt und die Auswirkungen des Lebens in einer computergenerierten Simulation auf die Entwicklung fortschrittlicher Technologien und die menschliche Evolution in Frage zu stellen. Während es schwierig ist, definitiv zu bestimmen, ob unsere Realität eine Simulation ist oder nicht, fordert uns die Erforschung dieser Möglichkeit heraus, neue Wege der wissenschaftlichen und philosophischen Untersuchung zu erkunden und die möglichen Konsequenzen transhumanistischer Technologien innerhalb einer Simulation zu berücksichtigen.

KAPITEL 26
Die Simulationshypothese und Augmented
Reality

Die Simulationshypothese und Augmented Reality ist
ein Thema wissenschaftlicher und technologischer
Untersuchungen, das die möglichen Zusammenhänge
zwischen der Möglichkeit, dass unsere Realität eine
computergenerierte Simulation ist, und der Entwicklung
von Augmented Reality (AR) untersucht.

Augmented Reality bezieht sich auf eine Technologie,
die digitale Informationen in die physische Welt einfügt,
oft unter Verwendung eines tragbaren Geräts oder
Smartphones. AR hat das Potenzial, unsere
Wahrnehmung der Realität zu verbessern und die Grenze
zwischen der physischen und der digitalen Welt zu
verwischen.

Wenn unsere Realität eine Simulation ist, stellt sie unser
Verständnis der Natur der Realität und des Potenzials
von AR in Frage, die Unterscheidung zwischen Realität
und Simulation weiter zu verwischen. Es wirft Fragen
nach dem Potenzial auf, immersive Erlebnisse innerhalb
einer Simulation zu schaffen, und nach der Möglichkeit,
AR zu verwenden, um mit der Programmierung der
Simulation zu interagieren.

Darüber hinaus stellen die Simulationshypothese und
Augmented Reality unser Verständnis des
Zusammenhangs zwischen Wahrnehmung und Realität

in Frage. Wenn unsere Realität eine Simulation ist, deutet dies darauf hin, dass unsere Wahrnehmung der Realität eher ein Produkt der Programmierung der Simulation als ein inhärenter Aspekt des Universums sein könnte. Dies kann Auswirkungen auf das Potenzial haben, unsere Wahrnehmung der Realität mithilfe von AR-Technologie zu manipulieren.

Darüber hinaus werfen die Simulationshypothese und Augmented Reality Fragen nach den möglichen Konsequenzen der Verwischung der Unterscheidung zwischen Realität und Simulation auf. Es wirft Fragen über das Potenzial für Identitätsverlust oder Verwechslung, die Art der persönlichen Identität und das Potenzial für den Missbrauch der AR-Technologie auf.

Insgesamt sind die Simulationshypothese und Augmented Reality komplexe und zum Nachdenken anregende Themen, die uns herausfordern, unsere Annahmen über die Natur der Realität, das Potenzial für technologischen Fortschritt und die Auswirkungen des Lebens in einer computergenerierten Simulation auf die Entwicklung der AR-Technologie zu hinterfragen. Während es schwierig ist, definitiv zu bestimmen, ob unsere Realität eine Simulation ist oder nicht , fordert uns die Erforschung dieser Möglichkeit heraus, neue Wege der wissenschaftlichen und technologischen Forschung zu erkunden und die möglichen Konsequenzen der Verwischung der Unterscheidung zwischen Realität und Simulation durch den Einsatz von AR-Technologie zu berücksichtigen.

KAPITEL 27
Die Simulationshypothese und Videospiele

Die Simulationshypothese und Videospiele ist ein
Thema wissenschaftlicher und kultureller
Untersuchungen, das die möglichen Zusammenhänge
zwischen der Möglichkeit, dass unsere Realität eine
computergenerierte Simulation ist, und der Entwicklung
von Videospielen untersucht.

Videospiele sind eine Form der interaktiven digitalen
Unterhaltung, die es den Spielern ermöglicht, virtuelle
Welten zu betreten und zu erkunden. Wenn unsere
Realität eine Simulation ist, stellt sie unser Verständnis
der Natur virtueller Welten und des Potenzials von
Videospielen in Frage, Einblicke in die Programmierung
der Simulation zu geben.

Darüber hinaus stellen die Simulationshypothese und
Videospiele unser Verständnis der Beziehung zwischen
Realität und Virtualität in Frage. Wenn unsere Realität
eine Simulation ist, deutet dies darauf hin, dass virtuelle
Welten möglicherweise nicht von Natur aus von der
Realität getrennt sind, sondern Teil der Programmierung
der Simulation sein können. Dies kann Auswirkungen
auf das Potenzial haben, Videospiele zu verwenden, um
die Natur der Realität und des Bewusstseins zu
untersuchen und zu verstehen.

Darüber hinaus werfen die Simulationshypothese und Videospiele Fragen nach den möglichen Konsequenzen der Verwischung der Unterscheidung zwischen Realität und Virtualität auf. Es wirft Fragen über das Potenzial für Identitätsverlust oder Verwechslung, die Art der persönlichen Identität und das Potenzial für den Missbrauch von Videospieltechnologie auf.

Insgesamt sind die Simulationshypothese und Videospiele komplexe und zum Nachdenken anregende Themen, die uns herausfordern, unsere Annahmen über die Natur der Realität, das Potenzial für technologischen Fortschritt und die Auswirkungen des Lebens in einer computergenerierten Simulation auf die Entwicklung von Videospielen in Frage zu stellen. Während es schwierig ist, definitiv zu bestimmen, ob unsere Realität eine Simulation ist oder nicht, fordert uns die Erforschung dieser Möglichkeit heraus, neue Wege der wissenschaftlichen und kulturellen Forschung zu erkunden und die möglichen Konsequenzen der Verwischung der Unterscheidung zwischen Realität und Virtualität durch den Einsatz von Videospielen zu berücksichtigen.

KAPITEL 28
Die Simulationshypothese und die Matrix

Die Simulationshypothese und die Matrix ist ein Thema der populären Kultur und der philosophischen Untersuchung, das die möglichen Zusammenhänge zwischen der Möglichkeit, dass unsere Realität eine computergenerierte Simulation ist, und dem Science-Fiction-Film The Matrix untersucht.

The Matrix ist ein Film aus dem Jahr 1999, der eine dystopische Zukunft zeigt, in der die Menschheit unwissentlich in einer computergenerierten Simulation namens Matrix gefangen ist. Der Film beschäftigt sich mit Themen der Realität, der Wahrnehmung und der Beziehung zwischen Mensch und Technologie.

Die Simulationshypothese und die Matrix sind durch die Erforschung der Möglichkeit verbunden, dass unsere Realität eine Simulation ist. Der Film suggeriert, dass Menschen sich ihrer wahren Natur und der Natur ihrer Realität möglicherweise nicht bewusst sind und dass ihre Wahrnehmung der Realität durch die Programmierung der Simulation manipuliert werden kann.

Darüber hinaus stellt The Matrix unser Verständnis der Beziehung zwischen Geist und Materie und das Potenzial der Technologie, unsere Wahrnehmung der Realität zu formen, in Frage. Der Film wirft Fragen über die möglichen Konsequenzen des Lebens in einer computergenerierten Simulation und das Potenzial für den Menschen auf, sich von der Programmierung der Simulation zu befreien.

Darüber hinaus wirft The Matrix ethische Fragen über das Potenzial für den Missbrauch fortschrittlicher Technologien und die Auswirkungen des Lebens in einer computergenerierten Simulation auf. Es wirft Fragen über das Wesen der persönlichen Identität, das Potenzial für Identitätsverlust oder Verwirrung und das Potenzial für den Missbrauch von Technologie zur Manipulation des menschlichen Bewusstseins auf.

Insgesamt sind The Simulation Hypothesis und The Matrix komplexe und zum Nachdenken anregende Themen, die uns herausfordern, unsere Annahmen über die Natur der Realität, das Potenzial für technologischen Fortschritt und die Implikationen des Lebens in einer computergenerierten Simulation in Frage zu stellen. Obwohl The Matrix eine Fiktion ist, bietet es eine zum Nachdenken anregende Erforschung der Auswirkungen des Lebens in einer computergenerierten Simulation und ermutigt uns, die möglichen Konsequenzen fortschrittlicher Technologie für unsere Wahrnehmung der Realität und die Natur der menschlichen Existenz zu berücksichtigen.

KAPITEL 29
Die Simulationshypothese und Westworld

Die Simulationshypothese und Westworld ist ein Thema
der Populärkultur und philosophischen Untersuchung,
das die möglichen Zusammenhänge zwischen der
Möglichkeit, dass unsere Realität eine
computergenerierte Simulation ist, und der Science-
Fiction-Fernsehserie Westworld untersucht.

Westworld ist eine Fernsehserie, die einen futuristischen
Themenpark darstellt, in dem menschenähnliche
Roboter, sogenannte Hosts, mit menschlichen Gästen
interagieren. Die Show beschäftigt sich mit Themen wie
Bewusstsein, künstlicher Intelligenz und der Beziehung
zwischen Mensch und Technologie.

Die Simulationshypothese und Westworld sind durch die
Untersuchung der Möglichkeit verbunden, dass die
Gastgeber in einer computergenerierten Simulation
leben. Die Show deutet darauf hin, dass die Moderatoren
sich ihrer wahren Natur und der Natur ihrer Realität
möglicherweise nicht bewusst sind und dass ihre
Wahrnehmung der Realität durch die Programmierung
der Simulation manipuliert werden kann.

Darüber hinaus stellt Westworld unser Verständnis der
Beziehung zwischen Bewusstsein und physischer Welt
in Frage. Die Show wirft Fragen über die Natur des

freien Willens, das Potenzial der künstlichen Intelligenz, Bewusstsein zu entwickeln, und das Potenzial des Menschen, die Realität durch fortschrittliche Technologie zu erschaffen und zu manipulieren, auf.

Darüber hinaus wirft Westworld ethische Fragen zu den möglichen Konsequenzen der Entwicklung fortschrittlicher Technologien wie künstlicher Intelligenz und virtueller Realität für die Natur des menschlichen Bewusstseins und der menschlichen Identität auf. Es wirft Fragen über das Potenzial für Identitätsverlust oder Verwirrung, die Natur der persönlichen Identität und das Potenzial für den Missbrauch von Technologie zur Manipulation des menschlichen Bewusstseins auf.

Insgesamt sind die Simulationshypothese und Westworld komplexe und zum Nachdenken anregende Themen, die uns herausfordern, unsere Annahmen über die Natur der Realität, das Potenzial für technologischen Fortschritt und die Implikationen des Lebens in einer computergenerierten Simulation in Frage zu stellen. Obwohl Westworld ein fiktives Werk ist, bietet es eine zum Nachdenken anregende Erforschung der Auswirkungen des Lebens in einer computergenerierten Simulation und ermutigt uns, die möglichen Konsequenzen fortschrittlicher Technologie für unsere Wahrnehmung der Realität und die Natur der menschlichen Existenz zu berücksichtigen.

KAPITEL 30
Die Simulationshypothese und der schwarze
Spiegel

Die Simulationshypothese und der schwarze Spiegel sind
ein Thema der populären Kultur und der philosophischen
Untersuchung, das die möglichen Zusammenhänge
zwischen der Möglichkeit, dass unsere Realität eine
computergenerierte Simulation ist, und der Science-
Fiction-Fernsehserie Black Mirror untersucht.

Black Mirror ist eine Fernsehserie, die die dunkle Seite
der Technologie und ihre möglichen Folgen für die
Gesellschaft untersucht. Die Show beschäftigt sich mit
Themen wie Bewusstsein, virtueller Realität, künstlicher
Intelligenz und der Beziehung zwischen Mensch und
Technologie.

Die Simulationshypothese und Black Mirror sind durch
die Erforschung der möglichen Konsequenzen
fortschrittlicher Technologie für die Natur des
menschlichen Bewusstseins und der menschlichen
Identität verbunden. Die Show legt nahe, dass
Technologie das Potenzial hat, das menschliche
Bewusstsein zu manipulieren und die Grenze zwischen
Realität und Virtualität zu verwischen.

Darüber hinaus stellt Black Mirror unser Verständnis der
Beziehung zwischen Technologie und menschlicher
Erfahrung in Frage. Die Ausstellung wirft Fragen über

das Wesen der persönlichen Identität, das Potenzial für Identitätsverlust oder Verwirrung und das Potenzial für den Missbrauch von Technologie zur Manipulation des menschlichen Bewusstseins auf.

Darüber hinaus wirft Black Mirror ethische Fragen zu den möglichen Konsequenzen der Entwicklung und Nutzung fortschrittlicher Technologien auf. Es wirft Fragen über das Potenzial des technologischen Fortschritts auf, der Gesellschaft zu schaden, und über die Notwendigkeit, den technologischen Fortschritt mit ethischen Erwägungen in Einklang zu bringen.

Insgesamt sind die Simulationshypothese und der Schwarze Spiegel komplexe und zum Nachdenken anregende Themen, die uns herausfordern, unsere Annahmen über die Natur der Realität, das Potenzial für technologischen Fortschritt und die Implikationen des Lebens in einer computergenerierten Simulation zu hinterfragen. Während Black Mirror ein fiktives Werk ist, bietet es eine zum Nachdenken anregende Untersuchung der möglichen Konsequenzen fortschrittlicher Technologie für die Natur des menschlichen Bewusstseins und der menschlichen Identität und ermutigt uns, die möglichen Folgen des technologischen Fortschritts für die Gesellschaft zu berücksichtigen.

KAPITEL 31
Die Simulationshypothese und Ready Player One

Die Simulationshypothese und Ready Player One ist ein
Thema der Populärkultur und der philosophischen
Untersuchung, das die möglichen Zusammenhänge
zwischen der Möglichkeit, dass unsere Realität eine
computergenerierte Simulation ist, und dem Science-
Fiction-Roman und -Film Ready Player One untersucht.

Ready Player One ist eine Geschichte, die in einer
dystopischen Zukunft spielt, in der Menschen ihrer
alltäglichen Realität entfliehen, indem sie eine Virtual-
Reality-Welt namens Oasis betreten. Die Geschichte
folgt der Suche des Protagonisten nach einem
versteckten Osterei in der Oase, das ihm die Kontrolle
über die virtuelle Welt und ein riesiges Vermögen in der
realen Welt gibt.

Die Simulationshypothese und Ready Player One sind
durch die Erforschung der möglichen Konsequenzen des
Lebens in einer Virtual-Reality-Welt verbunden. Die
Geschichte legt nahe, dass das Leben in einer Virtual-
Reality-Welt den Menschen eine Flucht aus den Grenzen
ihres realen Lebens bieten kann, wirft aber auch Fragen
nach den möglichen Konsequenzen der Verwischung der
Unterscheidung zwischen Realität und Virtualität auf.

Darüber hinaus stellt Ready Player One unser
Verständnis der Beziehung zwischen Technologie und

menschlicher Erfahrung in Frage. Die Geschichte wirft Fragen über das Wesen der persönlichen Identität, das Potenzial für Identitätsverlust oder Verwirrung und das Potenzial für den Missbrauch von Technologie zur Manipulation des menschlichen Bewusstseins auf.

Darüber hinaus wirft Ready Player One ethische Fragen zu den möglichen Konsequenzen des Strebens nach technologischem Fortschritt auf Kosten der sozialen und ökologischen Verantwortung auf. Es wirft Fragen nach dem Potenzial des technologischen Fortschritts auf, die soziale und wirtschaftliche Ungleichheit zu verschärfen, und nach der Notwendigkeit, den technologischen Fortschritt mit ethischen Erwägungen in Einklang zu bringen.

Insgesamt sind die Simulationshypothese und Ready Player One komplexe und zum Nachdenken anregende Themen, die uns herausfordern, unsere Annahmen über die Natur der Realität, das Potenzial für technologischen Fortschritt und die Implikationen des Lebens in einer computergenerierten Simulation zu hinterfragen. Während Ready Player One ein fiktives Werk ist, bietet es eine zum Nachdenken anregende Erkundung der möglichen Konsequenzen des Lebens in einer Virtual-Reality-Welt und ermutigt uns, die möglichen Folgen des technologischen Fortschritts für Gesellschaft und Umwelt zu berücksichtigen.

KAPITEL 32
Die Simulationshypothese und die Truman-Show

Die Simulationshypothese und die Truman Show ist ein Thema der Populärkultur und der philosophischen Untersuchung, das die möglichen Zusammenhänge zwischen der Möglichkeit, dass unsere Realität eine computergenerierte Simulation ist, und dem Film The Truman Show untersucht.

The Truman Show ist ein Film aus dem Jahr 1998, der das Leben von Truman Burbank verfolgt, einem Mann, der unwissentlich in einer simulierten Reality-TV-Show lebt. Der Film erforscht Themen der Realität, der Wahrnehmung und der Manipulation des menschlichen Bewusstseins.

Die Simulationshypothese und die Truman Show sind durch die Erforschung der Möglichkeit verbunden, dass unsere Realität eine Simulation ist. Der Film suggeriert, dass Menschen sich ihrer wahren Natur und der Natur ihrer Realität möglicherweise nicht bewusst sind und dass ihre Wahrnehmung der Realität durch die Programmierung der Simulation manipuliert werden kann.

Darüber hinaus stellt die Truman Show unser Verständnis der Beziehung zwischen Geist und Materie und das Potenzial der Technologie zur Gestaltung unserer Wahrnehmung der Realität in Frage. Der Film wirft Fragen über die möglichen Konsequenzen des Lebens in einer computergenerierten Simulation und das Potenzial für den Menschen auf, sich von der Programmierung der Simulation zu befreien.

Darüber hinaus wirft die Truman Show ethische Fragen über die möglichen Konsequenzen der Manipulation des menschlichen Bewusstseins und die Auswirkungen des Lebens in einer simulierten Realität auf. Es wirft Fragen über das Wesen der persönlichen Identität, das Potenzial für Identitätsverlust oder Verwirrung und das Potenzial für den Missbrauch fortschrittlicher Technologie zur Manipulation des menschlichen Bewusstseins auf.

Insgesamt sind The Simulation Hypothesis und The Truman Show komplexe und zum Nachdenken anregende Themen, die uns herausfordern, unsere Annahmen über die Natur der Realität, das Potenzial für technologischen Fortschritt und die Auswirkungen des Lebens in einer computergenerierten Simulation in Frage zu stellen. Während The Truman Show ein Werk der Fiktion ist, bietet es eine zum Nachdenken anregende Erforschung der Auswirkungen des Lebens in einer computergenerierten Simulation und ermutigt uns, die möglichen Konsequenzen fortschrittlicher Technologie auf unsere Wahrnehmung der Realität und die Natur der menschlichen Existenz zu berücksichtigen.

KAPITEL 33
Die Simulationshypothese und der Beginn

The Simulation Hypothesis and Inception ist ein Thema der populären Kultur und der philosophischen Untersuchung, das die möglichen Zusammenhänge zwischen der Möglichkeit, dass unsere Realität eine computergenerierte Simulation ist, und dem Science-Fiction-Film Inception untersucht.

Inception ist ein Film aus dem Jahr 2010, der einer Gruppe von Menschen folgt, die fortschrittliche Technologie verwenden, um in die Träume der Menschen einzudringen und sie zu manipulieren. Der Film erforscht Themen der Realität, der Wahrnehmung und der Manipulation des menschlichen Bewusstseins.

Die Simulationshypothese und die Inception sind durch die Erforschung der Möglichkeit verbunden, dass das menschliche Bewusstsein durch fortschrittliche Technologie manipuliert und kontrolliert werden kann. Der Film legt nahe, dass unsere Wahrnehmung der Realität durch den Einsatz von **Technologie manipuliert werden** kann und dass unsere Träume eine Form einer computergenerierten Simulation sein können.

Darüber hinaus stellt Inception unser Verständnis der Beziehung zwischen Geist und Materie und das Potenzial der Technologie in Frage, unsere Wahrnehmung der Realität zu formen. Der Film wirft

Fragen über die möglichen Konsequenzen der Manipulation des menschlichen Bewusstseins und das Potenzial der Technologie auf, die Unterscheidung zwischen Realität und Virtualität zu verwischen.

Darüber hinaus wirft Inception ethische Fragen über die möglichen Folgen des Missbrauchs fortschrittlicher Technologien zur Manipulation des menschlichen Bewusstseins auf. Es wirft Fragen über das Wesen der persönlichen Identität, das Potenzial für Identitätsverlust oder Verwirrung und das Potenzial für den Missbrauch von Technologie zur Manipulation des menschlichen Bewusstseins auf.

Insgesamt sind die Simulationshypothese und die Inception komplexe und zum Nachdenken anregende Themen, die uns herausfordern, unsere Annahmen über die Natur der Realität, das Potenzial für technologischen Fortschritt und die Implikationen des Lebens in einer computergenerierten Simulation in Frage zu stellen. Obwohl Inception eine Fiktion ist, bietet es eine zum Nachdenken anregende Erforschung der Auswirkungen des Lebens in einer computergenerierten Simulation und ermutigt uns, die möglichen Konsequenzen fortschrittlicher Technologie für unsere Wahrnehmung der Realität und die Natur der menschlichen Existenz zu berücksichtigen.

KAPITEL 34
Die Simulationshypothese und der Avatar

Die Simulationshypothese und der Avatar ist ein Thema der populären Kultur und der philosophischen Untersuchung, das die möglichen Verbindungen zwischen der Möglichkeit, dass unsere Realität eine computergenerierte Simulation ist, und dem Science-Fiction-Film Avatar untersucht.

Avatar ist ein Film aus dem Jahr 2009, der in einer futuristischen Welt spielt, in der die Menschen die natürlichen Ressourcen der Erde erschöpft haben und nun auf dem Planeten Pandora nach Ressourcen suchen. Der Film befasst sich mit Themen wie Umweltschutz, Kolonialismus und der Beziehung zwischen Mensch und Natur.

Die Simulationshypothese und der Avatar sind durch die Erforschung der Möglichkeit verbunden, dass Menschen eine simulierte Realität betreten und erleben können. Der Film suggeriert, dass Menschen durch den Einsatz **fortschrittlicher Technologie in das Bewusstsein anderer Wesen eintreten und es erleben können** , wodurch die Grenze zwischen Realität und Virtualität verwischt wird.

Darüber hinaus fordert Avatar unser Verständnis der Beziehung zwischen Mensch und Natur und das Potenzial der Technologie heraus, unsere Wahrnehmung der Realität zu formen. Der Film wirft Fragen über die

möglichen Konsequenzen der Manipulation des
menschlichen Bewusstseins und das Potenzial der
Technologie auf, die Unterscheidung zwischen Realität
und Virtualität zu verwischen.

Darüber hinaus wirft Avatar ethische Fragen über die
möglichen Konsequenzen des Missbrauchs
fortschrittlicher Technologie zur Manipulation des
menschlichen Bewusstseins und die Notwendigkeit auf,
technologischen Fortschritt mit ethischen Überlegungen
in Einklang zu bringen. Es wirft Fragen über das
Potenzial für Umweltzerstörung und die Notwendigkeit
auf, die natürliche Welt zu schützen und zu respektieren.

Insgesamt sind die Simulationshypothese und Avatar
komplexe und zum Nachdenken anregende Themen, die
uns herausfordern, unsere Annahmen über die Natur der
Realität, das Potenzial für technologischen Fortschritt
und die Implikationen des Lebens in einer
computergenerierten Simulation in Frage zu stellen.
Obwohl Avatar ein fiktives Werk ist, bietet es eine zum
Nachdenken anregende Erforschung der Implikationen
des Lebens in einer computergenerierten Simulation und
ermutigt uns, die möglichen Konsequenzen
fortschrittlicher Technologie für unsere Wahrnehmung
der Realität, der Umwelt und der Natur der
menschlichen Existenz zu berücksichtigen.

KAPITEL 35
Die Simulationshypothese und der dreizehnte
Stock

The Simulation Hypothesis and The Thirteenth Floor ist
ein Thema der Populärkultur und philosophischen
Untersuchung, das die möglichen Zusammenhänge
zwischen der Möglichkeit, dass unsere Realität eine
computergenerierte Simulation ist, und dem Science-
Fiction-Film The Thirteenth Floor untersucht.

The Thirteenth Floor ist ein Film aus dem Jahr 1999, der
das Konzept einer simulierten Realität erforscht. Der
Film spielt in einem futuristischen Los Angeles, wo eine
Gruppe von Wissenschaftlern eine Virtual-Reality-
Simulation der Vergangenheit der Stadt erstellt hat. Der
Film erforscht Themen wie Identität, Bewusstsein und
die Manipulation der Realität.

Die Simulationshypothese und The Thirteenth Floor sind
durch die Erforschung der Möglichkeit verbunden, dass
unsere Realität eine computergenerierte Simulation ist.
Der Film suggeriert, dass Menschen in einer simulierten
Realität leben und dass unsere Wahrnehmung der
Realität durch die Programmierung der Simulation
manipuliert werden kann.

Darüber hinaus stellt The Thirteenth Floor unser
Verständnis der Beziehung zwischen Geist und Materie
und das Potenzial der Technologie, unsere
Wahrnehmung der Realität zu formen, in Frage. Der

Film wirft Fragen über die möglichen Konsequenzen des Lebens in einer computergenerierten Simulation und das Potenzial für den Menschen auf, sich von der Programmierung der Simulation zu befreien.

Darüber hinaus wirft The Thirteenth Floor ethische Fragen über die möglichen Konsequenzen der Manipulation des menschlichen Bewusstseins und die Implikationen des Lebens in einer simulierten Realität auf. Es wirft Fragen über das Wesen der persönlichen Identität, das Potenzial für Identitätsverlust oder Verwirrung und das Potenzial für den Missbrauch fortschrittlicher Technologie zur Manipulation des menschlichen Bewusstseins auf.

Insgesamt sind die Simulationshypothese und The Thirteenth Floor komplexe und zum Nachdenken anregende Themen, die uns herausfordern, unsere Annahmen über die Natur der Realität, das Potenzial für technologischen Fortschritt und die Implikationen des Lebens in einer computergenerierten Simulation in Frage zu stellen. Während The Thirteenth Floor ein fiktives Werk ist, bietet es eine zum Nachdenken anregende Erkundung der Auswirkungen des Lebens in einer computergenerierten Simulation und ermutigt uns, die möglichen Konsequenzen fortschrittlicher Technologie für unsere Wahrnehmung der Realität und die Natur der menschlichen Existenz zu berücksichtigen.

KAPITEL 36
Die Simulationshypothese und Dark City

Die Simulationshypothese und Dark City ist ein Thema der Populärkultur und der philosophischen Untersuchung, das die möglichen Zusammenhänge zwischen der Möglichkeit, dass unsere Realität eine computergenerierte Simulation ist, und dem Science-Fiction-Film Dark City untersucht.

Dark City ist ein Film aus dem Jahr 1998, der das Konzept einer simulierten Realität erforscht. Der Film spielt in einer dunklen und bedrohlichen Stadt, in der die Bewohner unter der Kontrolle mysteriöser Wesen stehen, die als "The Strangers" bekannt sind. Der Film erforscht Themen wie Identität, Bewusstsein und die Manipulation der Realität.

Die Simulationshypothese und Dark City sind durch die Erforschung der Möglichkeit verbunden, dass unsere Realität eine computergenerierte Simulation ist. Der Film suggeriert, dass Menschen in einer simulierten Realität leben und dass unsere Wahrnehmung der Realität durch die Programmierung der Simulation manipuliert werden kann.

Darüber hinaus stellt Dark City unser Verständnis der Beziehung zwischen Geist und Materie und das Potenzial der Technologie, unsere Wahrnehmung der Realität zu formen, in Frage. Der Film wirft Fragen über die möglichen Konsequenzen des Lebens in einer computergenerierten Simulation und das Potenzial für den Menschen auf, sich von der Programmierung der Simulation zu befreien.

Darüber hinaus wirft Dark City ethische Fragen über die möglichen Konsequenzen der Manipulation des menschlichen Bewusstseins und die Auswirkungen des Lebens in einer simulierten Realität auf. Es wirft Fragen über das Wesen der persönlichen Identität, das Potenzial für Identitätsverlust oder Verwirrung und das Potenzial für den Missbrauch fortschrittlicher Technologie zur Manipulation des menschlichen Bewusstseins auf.

Insgesamt sind die Simulationshypothese und Dark City komplexe und zum Nachdenken anregende Themen, die uns herausfordern, unsere Annahmen über die Natur der Realität, das Potenzial für technologischen Fortschritt und die Auswirkungen des Lebens in einer computergenerierten Simulation in Frage zu stellen. Während Dark City ein Werk der Fiktion ist, bietet es eine zum Nachdenken anregende Erforschung der Auswirkungen des Lebens in einer computergenerierten Simulation und ermutigt uns, die möglichen Konsequenzen fortschrittlicher Technologie auf unsere Wahrnehmung der Realität und die Natur der menschlichen Existenz zu berücksichtigen.

KAPITEL 37
Die Simulationshypothese und der Vanillehimmel

Die Simulationshypothese und Vanilla Sky ist ein Thema der Populärkultur und philosophischen Untersuchung, das die möglichen Zusammenhänge zwischen der Möglichkeit, dass unsere Realität eine computergenerierte Simulation ist, und dem Science-Fiction-Film Vanilla Sky untersucht.

Vanilla Sky ist ein Film aus dem Jahr 2001, der das Konzept einer simulierten Realität erforscht. Der Film spielt in New York City und folgt dem Leben eines wohlhabenden und erfolgreichen Geschäftsmannes namens David Aames. Nach einem Autounfall gerät Davids Leben außer Kontrolle, als er darum kämpft, zwischen der Realität und seinem eigenen Unterbewusstsein zu unterscheiden. Der Film erforscht Themen wie Identität, Bewusstsein und die Manipulation der Realität.

Die Simulationshypothese und Vanilla Sky sind durch die Erforschung der Möglichkeit verbunden, dass unsere Realität eine computergenerierte Simulation ist. Der Film suggeriert, dass Menschen in einer simulierten Realität leben und dass unsere Wahrnehmung der Realität durch die Programmierung der Simulation manipuliert werden kann.

Darüber hinaus stellt Vanilla Sky unser Verständnis der Beziehung zwischen Geist und Materie und das Potenzial der Technologie, unsere Wahrnehmung der Realität zu formen, in Frage. Der Film wirft Fragen über die möglichen Konsequenzen des Lebens in einer computergenerierten Simulation und das Potenzial für den Menschen auf, sich von der Programmierung der Simulation zu befreien.

Darüber hinaus wirft Vanilla Sky ethische Fragen über die möglichen Konsequenzen der Manipulation des menschlichen Bewusstseins und die Implikationen des Lebens in einer simulierten Realität auf. Es wirft Fragen über das Wesen der persönlichen Identität, das Potenzial für Identitätsverlust oder Verwirrung und das Potenzial für den Missbrauch fortschrittlicher Technologie zur Manipulation des menschlichen Bewusstseins auf.

Insgesamt sind die Simulationshypothese und Vanilla Sky komplexe und zum Nachdenken anregende Themen, die uns herausfordern, unsere Annahmen über die Natur der Realität, das Potenzial für technologischen Fortschritt und die Auswirkungen des Lebens in einer computergenerierten Simulation in Frage zu stellen. Während Vanilla Sky eine Fiktion ist, bietet es eine zum Nachdenken anregende Erkundung der Auswirkungen des Lebens in einer computergenerierten Simulation und ermutigt uns, die möglichen Konsequenzen fortschrittlicher Technologie für unsere Wahrnehmung der Realität und die Natur der menschlichen Existenz zu berücksichtigen.

KAPITEL 38
Die Simulationshypothese und das Anpassungsbüro

The Simulation Hypothesis and The Adjustment Bureau ist ein Thema der Populärkultur und der philosophischen Untersuchung, das die möglichen Zusammenhänge zwischen der Möglichkeit, dass unsere Realität eine computergenerierte Simulation ist, und dem Science-Fiction-Film The Adjustment Bureau untersucht.

The Adjustment Bureau ist ein Film aus dem Jahr 2011, der das Konzept des Schicksals und des freien Willens untersucht. Der Film spielt in New York City und folgt dem Leben eines Politikers namens David Norris. Nach einer zufälligen Begegnung mit einer Frau namens Elise entdeckt David die Existenz einer Gruppe von Agenten namens "The Adjustment Bureau", die das menschliche Schicksal durch subtile Manipulation kontrollieren. Der Film erforscht Themen des freien Willens, des Schicksals und der Manipulation der Realität.

Die Simulationshypothese und das Anpassungsbüro sind durch die Erforschung der Möglichkeit verbunden, dass unsere Realität durch äußere Kräfte manipuliert werden kann. Der Film legt nahe, dass Menschen möglicherweise keine vollständige Kontrolle über ihr Leben haben und dass ihre Wahrnehmung der Realität durch die Handlungen externer Wesen manipuliert werden kann.

Darüber hinaus stellt The Adjustment Bureau unser
Verständnis der Beziehung zwischen Geist und Materie
und das Potenzial externer Kräfte in Frage, unsere
Wahrnehmung der Realität zu formen. Der Film wirft
Fragen über die möglichen Konsequenzen des Lebens in
einer Realität auf, in der unser Leben von äußeren
Kräften kontrolliert wird, und über das Potenzial für
Menschen, sich von dieser Kontrolle zu befreien.

Darüber hinaus wirft das Adjustment Bureau ethische
Fragen über die möglichen Konsequenzen der
Manipulation des menschlichen Schicksals und die
Auswirkungen des Lebens in einer Realität auf, in der
äußere Kräfte die vollständige Kontrolle über unser
Leben haben. Es wirft Fragen über das Wesen der
persönlichen Identität, das Potenzial für Identitätsverlust
oder Verwirrung und das Potenzial für den Missbrauch
fortschrittlicher Technologie zur Manipulation des
menschlichen Bewusstseins auf.

Insgesamt sind die Simulationshypothese und das
Anpassungsbüro komplexe und zum Nachdenken
anregende Themen, die uns herausfordern, unsere
Annahmen über die Natur der Realität, das Potenzial für
technologischen Fortschritt und die Auswirkungen des
Lebens in einer Realität, in der unser Leben von äußeren
Kräften kontrolliert werden kann, in Frage zu stellen.
Während The Adjustment Bureau eine Fiktion ist, bietet
es eine zum Nachdenken anregende Untersuchung der
Auswirkungen des Lebens in einer Realität, in der unser
Leben manipuliert werden kann, und ermutigt uns, die
möglichen Konsequenzen fortschrittlicher Technologie

für unsere Wahrnehmung der Realität und die Natur der menschlichen Existenz zu berücksichtigen.

KAPITEL 39
Die Simulationshypothese und die Entdeckung

Die Simulationshypothese und die Entdeckung ist ein Thema der Populärkultur und der philosophischen Untersuchung, das die möglichen Verbindungen zwischen der Möglichkeit, dass unsere Realität eine computergenerierte Simulation ist, und dem Science-Fiction-Film The Discovery untersucht.

The Discovery ist ein Film aus dem Jahr 2017, der das Konzept eines Lebens nach dem Tod und die Natur des Bewusstseins erforscht. Der Film spielt nach der Entdeckung wissenschaftlicher Beweise für ein Leben nach dem Tod, was zu einer Massenwelle von Selbstmorden führt. Der Film erforscht Themen wie Identität, Bewusstsein und die Manipulation der Realität.

Die Simulationshypothese und die Entdeckung sind durch die Erforschung der Möglichkeit verbunden, dass unsere Realität eine computergenerierte Simulation sein könnte. Der Film suggeriert, dass Menschen in einer simulierten Realität leben und dass unsere Wahrnehmung der Realität durch die Programmierung der Simulation manipuliert werden kann.

Darüber hinaus stellt The Discovery unser Verständnis der Beziehung zwischen Geist und Materie und das Potenzial der Technologie in Frage, unsere Wahrnehmung der Realität zu formen. Der Film wirft

Fragen über die möglichen Konsequenzen des Lebens in einer computergenerierten Simulation und das Potenzial für den Menschen auf, sich von der Programmierung der Simulation zu befreien.

Darüber hinaus wirft The Discovery ethische Fragen über die möglichen Konsequenzen der Manipulation des menschlichen Bewusstseins und die Implikationen des Lebens in einer simulierten Realität auf. Es wirft Fragen über das Wesen der persönlichen Identität, das Potenzial für Identitätsverlust oder Verwirrung und das Potenzial für den Missbrauch fortschrittlicher Technologie zur Manipulation des menschlichen Bewusstseins auf.

Insgesamt sind die Simulationshypothese und die Entdeckung komplexe und zum Nachdenken anregende Themen, die uns herausfordern, unsere Annahmen über die Natur der Realität, das Potenzial für technologischen Fortschritt und die Auswirkungen des Lebens in einer computergenerierten Simulation in Frage zu stellen. Während The Discovery ein Werk der Fiktion ist, bietet es eine zum Nachdenken anregende Erforschung der Auswirkungen des Lebens in einer computergenerierten Simulation und ermutigt uns, die möglichen Konsequenzen fortschrittlicher Technologie für unsere Wahrnehmung der Realität und die Natur der menschlichen Existenz zu berücksichtigen.

KAPITEL 40
Die Simulationshypothese und der gute Ort

The Simulation Hypothesis and The Good Place ist ein
Thema der Populärkultur und der philosophischen
Untersuchung, das die möglichen Zusammenhänge
zwischen der Möglichkeit, dass unsere Realität eine
computergenerierte Simulation ist, und der Fernsehserie
The Good Place untersucht.

The Good Place ist eine Comedy-Drama-Fernsehserie,
die das Konzept des Jenseits erforscht. Die Show folgt
der Figur Eleanor Shellstrop, die in einem scheinbar
perfekten Leben nach dem Tod namens "The Good
Place" ankommt. Sie erkennt jedoch bald, dass sie
versehentlich dorthin geschickt wurde und mit Hilfe
ihrer Freunde durch das Jenseits navigieren muss,
während sie ihre wahre Identität **verbirgt**. Die Show
erforscht Themen wie Moral, Ethik und die Natur der
Realität.

Die Simulationshypothese und The Good Place sind
durch die Erforschung der Möglichkeit verbunden, dass
das Leben nach dem Tod eine computergenerierte
Simulation sein könnte. Die Show deutet darauf hin, dass
Menschen in einer simulierten Realität leben und dass
unsere Wahrnehmung der Realität durch die
Programmierung der Simulation manipuliert werden
kann.

Darüber hinaus stellt The Good Place unser Verständnis der Beziehung zwischen Geist und Materie und das Potenzial der Technologie, unsere Wahrnehmung der Realität zu formen, in Frage. Die Ausstellung wirft Fragen nach den möglichen Konsequenzen des Lebens in einer computergenerierten Simulation und dem Potenzial für den Menschen auf, sich von der Programmierung der Simulation zu befreien.

Darüber hinaus wirft The Good Place ethische Fragen über die möglichen Konsequenzen der Manipulation des menschlichen Bewusstseins und die Implikationen des Lebens in einer simulierten Realität auf. Es wirft Fragen über das Wesen der persönlichen Identität, das Potenzial für Identitätsverlust oder Verwirrung und das Potenzial für den Missbrauch fortschrittlicher Technologie zur Manipulation des menschlichen Bewusstseins auf.

Insgesamt sind die Simulationshypothese und The Good Place komplexe und zum Nachdenken anregende Themen, die uns herausfordern, unsere Annahmen über die Natur der Realität, das Potenzial für technologischen Fortschritt und die Implikationen des Lebens in einer computergenerierten Simulation in Frage zu stellen. Während The Good Place ein Werk der Fiktion ist, bietet es eine zum Nachdenken anregende Erforschung der Auswirkungen des Lebens in einer computergenerierten Simulation und ermutigt uns, die möglichen Konsequenzen fortschrittlicher Technologie für unsere Wahrnehmung der Realität und die Natur der menschlichen Existenz zu berücksichtigen.

KAPITEL 41
Die Simulationshypothese und die OA

The Simulation Hypothesis and The OA ist ein Thema der populären Kultur und der philosophischen Untersuchung, das die möglichen Zusammenhänge zwischen der Möglichkeit, dass unsere Realität eine computergenerierte Simulation ist, und der Fernsehserie The OA untersucht.

The OA ist eine Science-Fiction-Dramaserie, die die Geschichte einer jungen Frau namens Prairie Johnson, auch bekannt als The OA, erzählt, die nach sieben Jahren Vermisste wieder auftaucht. Prairie erzählt von ihren Erfahrungen in der Gefangenschaft und ihrer Reise durch mehrere Dimensionen, die die Grenzen zwischen Realität und Fantasie verwischen. Die Show erforscht Themen wie Bewusstsein, Identität und die Natur der Existenz.

Die Simulationshypothese und The OA sind durch die Erforschung mehrerer Dimensionen und das Potenzial unserer Realität, eine computergenerierte Simulation zu sein, verbunden. Die Show deutet darauf hin, dass die Charaktere in verschiedenen Dimensionen oder Simulationen existieren können und dass ihre Erfahrungen von diesen alternativen Realitäten beeinflusst werden.

Darüber hinaus stellt The OA unser Verständnis der Beziehung zwischen Geist und Materie und das Potenzial für verschiedene Dimensionen oder Simulationen in Frage, um unsere Wahrnehmung der Realität zu formen. Die Ausstellung wirft Fragen über das Wesen der persönlichen Identität, das Potenzial für die Koexistenz mehrerer Realitäten und das Potenzial für Individuen, die Grenzen ihrer gegenwärtigen Existenz zu überschreiten, auf.

Darüber hinaus wirft The OA ethische Fragen über die möglichen Konsequenzen der Manipulation des Bewusstseins und die Implikationen des Lebens in einer simulierten Realität auf. Es wirft Fragen über das Wesen der persönlichen Handlungsfähigkeit, das Potenzial für Identitätsverlust oder Verwirrung und die moralischen Implikationen der Schaffung oder Kontrolle simulierter Erfahrungen auf.

Insgesamt sind die Simulationshypothese und The OA komplexe und zum Nachdenken anregende Themen, die uns herausfordern, unsere Annahmen über die Natur der Realität, das Potenzial für alternative Dimensionen oder Simulationen und die Implikationen des Lebens in einer computergenerierten Simulation in Frage zu stellen. Während The OA ein Werk der Fiktion ist, bietet es eine zum Nachdenken anregende Erforschung der Möglichkeiten der Existenz und ermutigt uns, über die Natur des Bewusstseins und die möglichen Konsequenzen des Lebens in einer simulierten Realität nachzudenken.

KAPITEL 42
Die Simulationshypothese und die Reste

The Simulation Hypothesis and The Leftovers ist ein
Thema der Populärkultur und der philosophischen
Untersuchung, das die möglichen Zusammenhänge
zwischen der Möglichkeit, dass unsere Realität eine
computergenerierte Simulation ist, und der Fernsehserie
The Leftovers untersucht.

The Leftovers ist eine Dramaserie, die in einer Welt
spielt, in der ein bedeutender Teil der Weltbevölkerung
auf mysteriöse Weise verschwindet. Die Show folgt dem
Leben der verbleibenden Individuen, die sich mit Trauer,
Glauben und existenziellen Fragen auseinandersetzen. Es
befasst sich mit Themen wie Verlust, Glaubenssystemen
und der Suche nach Sinn in einer unvorhersehbaren
Welt.

Die Simulationshypothese und The Leftovers sind durch
die Erforschung der Natur der Realität und des
Potenzials für alternative Interpretationen von
Ereignissen verbunden. Die Show legt nahe, dass das
Verschwinden von Menschen Teil eines größeren Plans
oder einer Simulation sein könnte, wodurch die Grenzen
zwischen dem, was real ist, und dem, was simuliert wird,
verwischt werden.

Darüber hinaus stellt The Leftovers unser Verständnis der Beziehung zwischen Wahrnehmung und Realität und des Potenzials der Realität, durch äußere Kräfte oder simulierte Erfahrungen beeinflusst zu werden, in Frage. Die Ausstellung wirft Fragen nach dem Wesen der persönlichen Identität, der Suche nach Sinn in einer chaotischen Welt und dem menschlichen Wunsch auf, Erklärungen für unerklärliche Ereignisse zu finden.

Darüber hinaus wirft The Leftovers ethische und existenzielle Fragen über die Auswirkungen des Lebens in einer Welt auf, in der die Realität unsicher oder potenziell simuliert ist. Es untersucht die Konsequenzen verschiedener Glaubenssysteme und die Auswirkungen, die sie auf Individuen und die Gesellschaft haben, wenn sie durch Trauer, Verlust und existenzielle Krisen navigieren.

Insgesamt sind die Simulationshypothese und The Leftovers zum Nachdenken anregende Themen, die uns herausfordern, unsere Annahmen über die Natur der Realität, die Suche nach Sinn und die möglichen Konsequenzen des Lebens in einer potenziell simulierten Existenz in Frage zu stellen. Während The Leftovers ein fiktives Werk ist, bietet es eine Betrachtung der menschlichen Erfahrung und ermutigt uns, über die Natur der Realität und unseren Platz darin nachzudenken.

KAPITEL 43
Die Simulationshypothese und die 100

The Simulation Hypothesis and **The 100 ist** ein Thema der Populärkultur und der philosophischen Untersuchung, das die möglichen Zusammenhänge zwischen der Möglichkeit, dass unsere Realität eine computergenerierte Simulation ist, und der Fernsehserie The 100 untersucht.

The 100 ist eine Science-Fiction-Dramaserie, die in einer postapokalyptischen Zukunft spielt, in der eine nukleare Katastrophe die Erde unbewohnbar gemacht hat. Die überlebende menschliche Bevölkerung lebt auf einer Raumstation namens Arche. Als die Ressourcen auf der Arche zu schwinden beginnen, wird eine Gruppe junger Gefangener auf die Erde geschickt, um festzustellen, ob sie bewohnbar ist. Die Show erforscht Themen wie Überleben, Moral und die Komplexität der menschlichen Natur.

Die Simulationshypothese und The 100 sind durch die Erforschung der Natur der Realität und des Potenzials unserer Realität, eine computergenerierte Simulation zu sein, verbunden. Die Show wirft Fragen über die Möglichkeit auf, dass die Erfahrungen der Charaktere auf der Erde, die Herausforderungen, denen sie gegenüberstehen, und die Konflikte, denen sie begegnen, Teil einer größeren Simulation oder eines größeren Experiments sein könnten.

Darüber hinaus fordert The 100 unser Verständnis der Beziehung zwischen Realität und Wahrnehmung und das Potenzial für unser Verständnis der Welt, geformt oder manipuliert zu werden, heraus. Die Show wirft Fragen über die Natur der persönlichen Identität, das Potenzial externer Kräfte, menschliches Verhalten zu beeinflussen, und die moralischen Dilemmata auf, die in einer komplexen und unvorhersehbaren Welt auftreten.

Darüber hinaus wirft The 100 ethische Fragen über die Entscheidungen auf, die Menschen unter extremen Umständen treffen, die Auswirkungen ihres Handelns auf andere und die Konsequenzen des Lebens in einer Welt, in der die Realität unsicher sein oder von äußeren Kräften kontrolliert werden kann.

Insgesamt sind die Simulationshypothese und The 100 faszinierende Themen, die uns einladen, über die Natur der Realität, die Komplexität der menschlichen Existenz und die möglichen Konsequenzen des Lebens in einer potenziell simulierten Welt nachzudenken. Obwohl The 100 ein Werk der Fiktion ist, veranlasst es uns, die Auswirkungen unserer Entscheidungen, die Grenzen unseres Verständnisses und die moralischen Herausforderungen zu berücksichtigen, die sich in einer unsicheren und sich entwickelnden Realität ergeben.

KAPITEL 44
Die Simulationshypothese und die Weite

The Simulation Hypothesis and The Expanse ist ein Thema der Populärkultur und der philosophischen Untersuchung, das die möglichen Zusammenhänge zwischen der Möglichkeit, dass unsere Realität eine computergenerierte Simulation ist, und der Science-Fiction-Fernsehserie The Expanse untersucht.

The Expanse ist eine futuristische Weltraumoper, die in einem kolonisierten Sonnensystem spielt. Es folgt dem Zusammenspiel zwischen verschiedenen Fraktionen, darunter Erde, Mars und die Belters, während sie durch politische Konflikte, Ressourcenknappheit und die Entdeckung eines uralten außerirdischen Protomoleküls navigieren. Die Show befasst sich mit Themen wie Machtdynamik, menschlichem Überleben und der Suche nach Sinn in einem riesigen und komplexen Universum.

Die Simulationshypothese und The Expanse sind durch die Erforschung der Natur der Realität und des Potenzials unserer Existenz, Teil einer computergenerierten Simulation zu sein, verbunden. Die Show deutet auf die Möglichkeit hin, dass die Ereignisse, die sich in der Serie entfalten, von äußeren Kräften beeinflusst oder durch fortschrittliche Technologie manipuliert werden könnten.

Darüber hinaus stellt The Expanse unser Verständnis der Beziehung zwischen menschlichem Handeln und den breiteren Kräften, die unsere Realität prägen, in Frage. Die Ausstellung wirft Fragen nach dem Wesen der persönlichen Identität, dem Potenzial für versteckte Agenden und der Suche nach der Wahrheit in einem komplexen und politisch aufgeladenen Universum auf.

Darüber hinaus wirft The Expanse ethische Fragen über die Konsequenzen unseres Handelns, die Machtverteilung und die Auswirkungen der Technologie auf unser Leben auf. Es untersucht die ethischen Dilemmata, mit denen Charaktere konfrontiert sind, wenn sie sich moralischen Entscheidungen in einem Universum stellen, das ihre Werte und Prinzipien auf die Probe stellt.

Insgesamt sind die Simulationshypothese und The Expanse fesselnde Themen, die uns dazu anregen, über die Natur der Realität, unseren Platz in einem riesigen Kosmos und die möglichen Konsequenzen des Lebens in einer simulierten Existenz nachzudenken. Während The Expanse ein Werk der Fiktion ist, lädt es uns ein, über die Komplexität der menschlichen Natur, die Erforschung des Weltraums und die ethischen Implikationen unserer Entscheidungen in einer Zukunft nachzudenken, in der Technologie und Machtdynamik unsere Realität prägen.

KAPITEL 45
Die Simulationshypothese und der Kreis

The Simulation Hypothesis and The Circle ist ein Thema der Populärkultur und der philosophischen Untersuchung, das die möglichen Zusammenhänge zwischen der Möglichkeit, dass unsere Realität eine computergenerierte Simulation ist, und dem Roman und Film The Circle untersucht.

The Circle ist ein dystopischer Science-Fiction-Roman, der von Dave Eggers geschrieben und später verfilmt wurde. Die Geschichte folgt Mae Holland, einer jungen Frau, die sich einem mächtigen Technologieunternehmen namens The Circle anschließt. Als sie tiefer in die Geschäftstätigkeit des Unternehmens involviert ist, beginnt sie, die Ethik seines Handelns in Frage zu stellen, insbesondere den Fokus auf Überwachung und die Beseitigung der Privatsphäre. Der Circle beschäftigt sich mit Themen wie Technologie, Überwachung und den Auswirkungen sozialer Medien auf persönliche und gesellschaftliche Grenzen.

Die Simulationshypothese und The Circle sind durch die Erforschung der möglichen Konsequenzen des Lebens in einer hypervernetzten und stark überwachten Welt miteinander verbunden. Der Roman und der Film werfen Fragen über die Natur der Realität, die Auswirkungen der Technologie auf die persönliche Identität und das Potenzial auf, dass unser Leben von äußeren Kräften gestaltet und kontrolliert wird.

Darüber hinaus stellt The Circle unser Verständnis der Beziehung zwischen Technologie und menschlicher Erfahrung in Frage. Es wirft Fragen über das Wesen der Privatsphäre, das Potenzial für Identitätsverlust oder Verwirrung in einem Zeitalter ständiger Überwachung und die ethischen Implikationen auf, wenn man zulässt, dass Technologie jeden Aspekt unseres Lebens durchdringt.

Darüber hinaus wirft The Circle ethische Fragen über die Verantwortlichkeiten von Technologieunternehmen und die Notwendigkeit von Transparenz, Rechenschaftspflicht und dem Schutz der Rechte des Einzelnen auf. Es gibt Anlass zur Besorgnis über das Potenzial für Machtungleichgewichte, die Erosion der Privatsphäre und das Potenzial für den Missbrauch fortschrittlicher Technologien.

Insgesamt sind die Simulationshypothese und The Circle zum Nachdenken anregende Themen, die uns herausfordern, unsere Annahmen über die Natur der Realität, die Auswirkungen der Technologie auf die Gesellschaft und die möglichen Konsequenzen des Lebens in einer Welt, in der die Privatsphäre zunehmend gefährdet ist, in Frage zu stellen. Obwohl The Circle eine Fiktion ist, dient es als warnendes Beispiel und fordert uns auf, die Rolle der Technologie in unserem Leben kritisch zu untersuchen und die ethischen Implikationen ihrer allgegenwärtigen Präsenz in der Gesellschaft zu berücksichtigen.

KAPITEL 46
Die Simulationshypothese und der Schneecrash

Die Simulationshypothese und der Schneecrash sind ein Thema der Populärkultur und der philosophischen Untersuchung, das die möglichen Zusammenhänge zwischen der Möglichkeit, dass unsere Realität eine computergenerierte Simulation ist, und dem Science-Fiction-Roman Snow Crash von Neal Stephenson untersucht.

Snow Crash ist ein Cyberpunk-Roman, der in einer Zukunft spielt, in der Unternehmen erhebliche Macht haben und die Menschen in eine virtuelle Realität namens Metaverse eintauchen. Die Geschichte folgt Hiro Protagonist, einem Hacker und Pizzaboten, der eine Verschwörung aufdeckt, an der eine Droge namens Snow Crash und ein Sprachvirus beteiligt sind, der die Köpfe von Individuen sowohl in der realen als auch in der virtuellen Welt beeinflusst.

Die Simulationshypothese und Snow Crash sind durch die Erforschung der verschwimmenden Grenzen zwischen Realität und virtueller Realität verbunden. Das Buch legt nahe, dass die virtuelle Welt des Metaverse tiefgreifende Auswirkungen auf die physische Welt und das menschliche Bewusstsein haben kann. Es wirft Fragen über die Natur der Realität, das Potenzial einer computergenerierten Simulation auf, unsere Wahrnehmung der Welt zu beeinflussen, und die

Konsequenzen des Lebens in einer zunehmend immersiven virtuellen Umgebung.

Darüber hinaus stellt Snow Crash unser Verständnis der Beziehung zwischen Technologie, Sprache und menschlicher Erfahrung in Frage. Das Buch befasst sich mit der Macht der Worte, dem Potenzial der Sprache, die Realität zu formen, und der Art und Weise, wie Technologie Individuen sowohl stärken als auch kontrollieren kann. Es wirft Fragen über das Potenzial für Identitätsverlust, die Kommerzialisierung von Informationen und die ethischen Implikationen des technologischen Fortschritts auf.

Darüber hinaus untersucht Snow Crash das Konzept einer hierarchischen Gesellschaft, die von mächtigen Konzernen regiert wird, und lenkt die Aufmerksamkeit auf die möglichen Folgen konzentrierter Macht und den Einfluss von Technologie auf soziale Strukturen.

Insgesamt sind die Simulationshypothese und Snow Crash zum Nachdenken anregende Themen, die sich mit den Möglichkeiten und Implikationen des Lebens in einer computergenerierten Simulation und der Rolle der Technologie bei der Gestaltung unserer Wahrnehmung der Realität befassen. Während Snow Crash eine Fiktion ist, lädt es die Leser ein, über die tiefgreifenden Auswirkungen der Technologie auf die Gesellschaft, die Grenzen zwischen virtuellen und physischen Bereichen und die möglichen Konsequenzen der Existenz in einer Welt nachzudenken, in der Realität und Simulation miteinander verflochten sind.

KAPITEL 47
Die Simulationshypothese und der Neuromancer

Die Simulationshypothese und der Neuromancer ist ein Thema der Populärkultur und der philosophischen Untersuchung, das die möglichen Zusammenhänge zwischen der Möglichkeit, dass unsere Realität eine computergenerierte Simulation ist, und dem Science-Fiction-Roman Neuromancer von William Gibson untersucht.

Neuromancer ist ein bahnbrechender Cyberpunk-Roman, der in einer dystopischen Zukunft spielt, in der Technologie und virtuelle Realität die Gesellschaft dominieren. Die Geschichte handelt von einem abgehalfterten Computerhacker namens Case, der für einen Raubüberfall angeheuert wird, bei dem es darum geht, die mächtige künstliche Intelligenz Neuromancer zu infiltrieren. Der Roman beschäftigt sich mit Themen wie künstlicher Intelligenz, virtueller Realität und den verschwimmenden Grenzen zwischen digitaler und physischer Welt.

Die Simulationshypothese und der Neuromancer sind durch die Erforschung einer Welt verbunden, in der virtuelle Realität und fortschrittliche Technologie eine bedeutende Rolle bei der Gestaltung der menschlichen Existenz spielen. Das Buch wirft Fragen über die Natur der Realität auf, das Potenzial einer computergenerierten Simulation, unsere Wahrnehmung der Welt zu beeinflussen, und die Konsequenzen des Lebens in einer

Welt, die stark von künstlicher Intelligenz beeinflusst wird.

Darüber hinaus stellt Neuromancer unser Verständnis der Beziehung zwischen menschlichem Bewusstsein, Technologie und dem Konzept des Selbst in Frage. Der Roman befasst sich mit der Idee, dass Individuen ihr Bewusstsein mit der virtuellen Realität verschmelzen und die Grenze zwischen physischer und digitaler Existenz verwischen. Es wirft Fragen über das Wesen der persönlichen Identität, das Potenzial für Identitätsverlust oder -transformation in einem virtuellen Raum und die ethischen Implikationen der Manipulation des menschlichen Bewusstseins auf.

Darüber hinaus untersucht Neuromancer die Machtdynamik zwischen Individuen und Unternehmen und lenkt die Aufmerksamkeit auf die möglichen Folgen von konzentriertem Reichtum und der Ausbeutung von Technologie zum persönlichen Vorteil. Es berührt auch Themen wie Kontrolle, Überwachung und Manipulation von Informationen in einer Welt, die von fortschrittlicher Technologie angetrieben wird.

Insgesamt sind die Simulationshypothese und der Neuromancer zum Nachdenken anregende Themen, die dazu einladen, die Natur der Realität, die Auswirkungen der Technologie auf die Gesellschaft und die möglichen Konsequenzen des Lebens in einer Welt zu hinterfragen, die stark von virtueller Realität und künstlicher Intelligenz beeinflusst wird. Während Neuromancer ein Werk der Fiktion ist, dient es als fesselnde Erkundung der Möglichkeiten und Implikationen fortschrittlicher Technologie auf die menschliche Existenz und ermutigt uns, kritisch über die Natur des Bewusstseins und die Grenzen zwischen dem Realen und dem Virtuellen nachzudenken.

KAPITEL 48
Die Simulationshypothese und die Singularität

Die Simulationshypothese und die Singularität sind zwei miteinander verbundene Themen der Populärkultur und der wissenschaftlichen Spekulation, die die möglichen Zusammenhänge zwischen der Möglichkeit, dass unsere Realität eine computergenerierte Simulation ist, und dem Konzept der technologischen Singularität untersuchen.

Die Simulationshypothese legt nahe, dass unsere Realität eine computergenerierte Simulation ist, die von einer fortgeschritteneren Zivilisation oder Entität erstellt wurde. Es wirft die Idee auf, dass das Universum und alles darin, einschließlich unserer Gedanken, Wahrnehmungen und Erfahrungen, simulierte Konstrukte sind.

Die Singularität hingegen bezieht sich auf einen hypothetischen Punkt in der Zukunft, an dem sich der technologische Fortschritt exponentiell beschleunigt, was zu einer signifikanten Transformation der menschlichen Zivilisation führt. Es wird oft mit der Schaffung fortschrittlicher künstlicher Intelligenz (KI) in Verbindung gebracht, die die menschliche Intelligenz übertrifft und zu radikalen Veränderungen in der Gesellschaft und der Natur der menschlichen Existenz führt.

Die Simulationshypothese und die Singularität sind durch die Idee verbunden, dass fortgeschrittene KI oder posthumane Zivilisationen die Fähigkeit haben könnten, Simulationen zu erstellen, die von unserer Realität nicht zu unterscheiden sind. Es wird spekuliert, dass mit fortschreitender Technologie und Annäherung an die Singularität die Erstellung hochrealistischer und immersiver Simulationen möglich werden könnte.

Darüber hinaus werfen beide Konzepte Fragen nach der Natur des Bewusstseins, den Grenzen der Realität und den ethischen Implikationen des Schaffens und Lebens in simulierten Umgebungen auf. Sie fordern unser Verständnis dessen, was real ist, heraus und laden uns ein, über die möglichen Konsequenzen fortschrittlicher Technologie für unsere Wahrnehmung der Realität und die Natur der menschlichen Existenz nachzudenken.

Die Simulationshypothese und die Singularität sind komplexe und faszinierende Themen, die zu philosophischen und wissenschaftlichen Diskussionen einladen. Während sie spekulativer Natur bleiben, regen sie unsere Vorstellungskraft an und drängen uns dazu, die Grenzen des menschlichen Wissens, die möglichen Richtungen des technologischen Fortschritts und die tiefgreifenden Auswirkungen, die sie auf unser Verständnis der Realität und die Zukunft der Menschheit haben können, zu erforschen.

SCHLUSSFOLGERUNG

Das Leben in einer simulierten Realität, wenn die Simulationshypothese wahr ist, hätte tiefgreifende Auswirkungen auf unser Verständnis der Existenz und der Natur der Realität. Während die wahren Implikationen spekulativ bleiben, sind hier einige wichtige Überlegungen:

1. Natur der Realität: Wenn unsere Realität simuliert wird, würde dies unsere traditionellen Vorstellungen von dem, was real ist, in Frage stellen. Es deutet darauf hin, dass die Welt, die wir erleben, eine sorgfältig konstruierte Simulation ist, die Fragen über den Ursprung, den Zweck und die endgültige Natur unserer Existenz aufwirft.

   Es stellt sich auch die Frage nach der Zeit selbst. Existiert Zeit wirklich?
   Zeit, wie wir sie kennen, ist relativ und kaum eine Metrik, um uns eine Wahrnehmung der Realität zu geben, aber in Wirklichkeit ist Zeit nur eine Vorstellung.

2. Schöpfer und Simulation: Die Existenz einer simulierten Realität impliziert die Anwesenheit eines Schöpfers oder einer höheren Intelligenz, die in der Lage ist, die Simulation zu konstruieren und aufrechtzuerhalten. Es wirft philosophische und theologische Fragen über das

Wesen dieses Schöpfers und seine Beweggründe auf.

Wir wissen mit der Stringtheorie, dass es eine unendliche Anzahl von Dimensionen gibt, parallele Universen, in denen eine unbestimmte Anzahl von DU existiert.
Es ist sehr wahrscheinlich, dass unser Universum eines von vielen ist. Der Urknall, den wir benutzt haben, um uns eine Wahrnehmung des Beginns der Zeit zu geben, ist lediglich die Geburt unseres Universums und wahrscheinlich das Ende eines anderen, was zu der Vorstellung beiträgt, dass unser Universum Teil eines Multiversums ist, in dem unendlich viele Universen mit ihrer eigenen Realität existieren.

3. Bewusstsein und Identität: Wenn wir in einer simulierten Realität leben, würde dies Fragen über die Natur des Bewusstseins und der persönlichen Identität aufwerfen. Sind unsere Gedanken und Erfahrungen echt oder sind sie nur programmierte Reaktionen innerhalb der Simulation? Es stellt die Unterscheidung zwischen realen und simulierten Erfahrungen in Frage.

Unsere Realität könnte durchaus eine entgegengesetzte Realität aus einem anderen Universum sein.

Für jeden Gedanken, jede Handlung, jede
Entscheidung, die wir treffen, würde die gleiche
entgegengesetzte Reaktion in einem anderen
Universum auftreten, und die
Feinstrukturkonstante scheint diese Theorie einer
perfekten Harmonie im gesamten Multiversum
zu korrelieren.

4. Freier Wille und Determinismus: Das Konzept
   des freien Willens wird in einer simulierten
   Realität komplex. Wenn unsere Handlungen und
   Entscheidungen durch die Programmierung der
   Simulation vorgegeben sind, wirft dies die Frage
   auf, inwieweit wir echte Autonomie haben und
   welche Auswirkungen dies auf die moralische
   Verantwortung hat.

   Unsere Handlungen sind vielleicht nicht
   vorherbestimmt , sondern die gegenteilige
   Reaktion in einem Paralleluniversum.

5. Zweck und Bedeutung: Die Existenz einer
   simulierten Realität veranlasst uns, den Zweck
   und die Bedeutung unseres Lebens zu
   hinterfragen. Wenn unsere Erfahrungen innerhalb
   der Simulation orchestriert werden, stellt sich die
   Frage, ob es einen inhärenten Zweck gibt oder ob
   Bedeutung innerhalb der Simulation subjektiv
   und konstruiert ist.

6. Ethik und Moral: Die ethischen Implikationen des Lebens in einer simulierten Realität sind signifikant. Es wirft Fragen über die Verantwortlichkeiten des Schöpfers und die möglichen Konsequenzen der Manipulation des Bewusstseins innerhalb der Simulation auf. Es stellt unsere Vorstellungen von richtig und falsch in Frage und fordert ethische Überlegungen bei der Erstellung und dem Betrieb solcher Simulationen.

7. Simulation in der Simulation: Die Möglichkeit von verschachtelten Simulationen, bei denen simulierte Realitäten innerhalb anderer simulierter Realitäten existieren, führt zu Komplexitätsebenen. Es stellt sich die Frage, wie weit das Simulations-Kaninchenloch reicht und ob es eine ultimative Realität jenseits von Simulationen gibt.

8. Wissenschaftliche Forschung: Wenn wir in einer simulierten Realität leben, wirft dies Fragen nach den Grenzen der wissenschaftlichen Forschung auf. Sind die Gesetze der Physik und die Regeln, die unsere Realität bestimmen, während der gesamten Simulation konsistent oder können sie geändert oder außer Kraft gesetzt werden?

9. Existenzielle Erforschung: Die Idee, in einer simulierten Realität zu leben, lädt zur existenziellen Erforschung und Selbstbeobachtung ein. Es fordert uns heraus, unsere Überzeugungen, Wahrnehmungen und Annahmen über die Natur der Realität, des Bewusstseins und der menschlichen Erfahrung kritisch zu hinterfragen.

10. Implikationen für die Technologie: Die Möglichkeit einer simulierten Realität hat Auswirkungen auf die Entwicklung und den Einsatz fortschrittlicher Technologien. Es wirft Fragen nach dem ethischen Einsatz von Technologie, dem Potenzial zur Schaffung realistischer virtueller Erlebnisse und der Verwischung der Grenzen zwischen physischer und virtueller Welt auf.

Letztendlich hängen die Implikationen des Lebens in einer simulierten Realität von der Art und dem Design der Simulation selbst ab. Während die Simulationshypothese spekulativ bleibt, ermutigt sie uns, unsere Annahmen in Frage zu stellen, philosophische Konzepte zu erforschen und die tiefgreifenden Implikationen der Natur unserer Realität zu berücksichtigen.

"Nichts war, nichts wird sein; Alles ist, alles hat Essenz, ist präsent."

Hermann Hesse

www.ingramcontent.com/pod-product-compliance
Lightning Source LLC
Chambersburg PA
CBHW062331290526
45794CB00005B/1995